每個孩子都需要

家庭儀式

Kinder
Brauchen Rituale

梅蘭妮·葛列瑟 Melanie Grässer、艾克·霍佛曼 Eike Hovermann 著　林硯芬 譯

前言　親愛的家長與未來的家長們 013

Chapter 1
儀式是什麼？有何作用？ 015

儀式如何運用在日常作息中？ 019
儀式與規矩 020
儀式如何簡化生活，並產生歸屬感 021
儀式物何時發揮作用？效果持續多久？ 022
儀式可能會造成傷害 023
儀式該如何施行？ 026

Chapter 2
媽媽的一天是這樣過的 027

早晨 028
中午 033
晚上 036
週末——和平日不同 057

目錄
CONTENTS

Chapter 3

祝你用餐愉快 ⋯⋯ 063

餐桌上的儀式 ⋯⋯ 063
開飯詞與餐前禱告 ⋯⋯ 067
健康的飲食 ⋯⋯ 069
早餐 ⋯⋯ 070
午餐 ⋯⋯ 072
點心時間 ⋯⋯ 072
晚餐 ⋯⋯ 073
特別餐與節慶餐 ⋯⋯ 074
孩子沒食慾時該怎麼辦？⋯⋯ 076
甜食 ⋯⋯ 077

Chapter 4

玩水時間到了 ⋯⋯ 081

洗手 ⋯⋯ 081
洗臉沐浴 ⋯⋯ 084
抹乳液 ⋯⋯ 085
刷牙 ⋯⋯ 085

Chapter 5

兒童房的秩序 087

孩子的房間 088

獨自睡覺 095

敲門 098

和兄弟姐妹共用房間 099

Chapter 6

一步步探索世界 101

各個成長階段 101

面對分離恐懼的處理方式 103

從尿布到小馬桶 106

和奶嘴說再見 108

牙仙子 110

強化孩子的自信心 110

Chapter 7

教育，就是這麼簡單 113

目錄 CONTENTS

寵愛……114
無聊……116
電視的魅力……117
分擔家事……118
家庭會議……120
手足之間……121

Chapter 8
來，抱抱！……123
道別和問候……123
做得很好……124
給予安慰……124
坐在懷裡……125

Chapter 9
什麼都不怕……127
化恐懼為勇氣……128
害羞……134

Chapter 10

爭吵和和解 138

發展自己的方法 138
和解 141
道歉，是項重要的儀式 145
成為榜樣 146

Chapter 11

上幼兒園囉 149

上幼兒園對孩子有好處嗎？ 150
上幼兒園前的準備 153
分離焦慮 154
幼兒園門口的道別 156
幼兒園裡的問候儀式與其他儀式 157
幼兒園放學囉 160
幼兒園的最後一年 161
從幼兒園畢業了 162

目錄
CONTENTS

Chapter 12

終於上小學了 …… 164

為第一天上學做準備 …… 165
入學禮物袋 …… 165
入學 …… 167
今天在學校過得如何？ …… 168
簡單又有效率的完成家庭作業 …… 170
害怕上學：以儀式戰勝成績壓力與學習障礙 …… 171
面對考試的儀式 …… 173
小學畢業與繼續升學 …… 175

Chapter 13

放長假囉 …… 179

期末成績 …… 180
出外旅遊 …… 181
到異國旅行 …… 183
想家 …… 184

孩子獨自去旅行……186
當假期接近尾聲……187
旅程照片集……188

Chapter 14
和家人共度四季……189
春天……190
夏天……191
秋天……192
冬天……194
你知道四季全家福照嗎？……197

Chapter 15
特殊的慶祝活動和節日……198
孩子的生日……198
其他家庭成員的生日……201
命名日……202

目錄 CONTENTS

家族慶祝活動……203
與宗教有關的節慶……204
其他宗教信仰及文化節慶……214
其他習俗……214
特別的活動與市集……218

Chapter 16 未曾出現過或特殊的情況……221

孩子的煩惱與憂慮……222
生病……223
疼痛時可以使用的儀式……224
看醫生……226
獲得力量……227
搬家……229
新的家庭成員……230
歡迎新生兒……232
父母離異……234

面對死亡與悲傷 236
當寵物過世時 243

Chapter 17
保持運動的習慣 244
讓孩子喜歡運動 244
全家一起運動 247
參加運動社團 248

Chapter 18
音樂讓一切變得更簡單 251
唱歌 251
跳舞 253
孩子的表演 253

Chapter 19
全家一起玩的小遊戲 255
跳房子遊戲 256

目錄
CONTENTS

猜拳遊戲……256
模仿遊戲……257
車上的遊戲……258

Chapter 20
給爺爺奶奶的建議……259

Chapter 21
創造屬於你們的儀式……262

後序
非關結語……264

讀者的信
關於身心障礙的孩子……266

前言

親愛的家長與未來的家長們：

「儀式」這個語詞會讓你聯想到遙遠南方小島上的土著、印第安人或巫師嗎？其實「儀式」並非只是某種典禮的形式，你自己非常有可能在孩提時代就有過與儀式相關的美好經驗，甚至直到今日你還想將它繼續傳遞下去。

你一定也有屬於自己的儀式吧！在淋浴前喝杯咖啡、穿襪子先穿左腳、早晨禱告、看報紙從後面開始看起，甚至是在褲子口袋裡塞入護身符等等，這些都是儀式。

儀式基本上「只是」有意識的行為重複，但正是這種不斷反覆的行為，能讓我們幫助孩子更有意識的去規畫、體驗日常生活。經由這種有意識的重複，能為日常生活建立起秩序，在絕大多數的情況下，也會有意識並且主動去接受這些秩序。

你是否也曾經遇過，孩子們希望某事能一再發生，而這些事情常常有著特殊的前提條件。舉例來說：「媽媽，我們必須把襪子掛起來才行啊！聖誕老公公明天會來！」

儀式是不斷重複的行為，儀式對我們的生活來說，能夠帶給我們正面的效果。這種效果起於對微小事件的重視，接著會擴及大的、美好的經驗，如：聖誕節或生日等，即便面對困境，正確的儀式甚至能帶來幫助，讓人們能更容易克服。

不過，你並非一定要在生活中施行書中所提到的所有儀式，這些儀式只是例子，我們希望的是，你能（在書中）找到某些適用於自己家庭的儀式，或是進一步發展出屬於自家的美好儀式。

或許在閱讀本書的過程中，你會想起自己小時候曾經使用過的儀式，如果你對這些儀式記得不那麼清楚的話，別忘了去問問你的父母或祖父母，丟失了這些儀式傳統，是非常可惜的事。

我們知道本書中的一些章節對某些人來說不見得那麼適用，或覺得太老套，甚至心裡會想：「這怎麼可能辦得到？只是理想而已……。」對很多人來說，家庭的日常生活承受著很大的時間壓力與限制，因此有一點很重要，我們希望讀者不要將這本書當成一本統計出來的手冊或指南，而是一種啟發。所以請帶著批判之眼來看本書，挑選適合自己和家人的內容，再從中修改成適合你孩子的儀式。

預祝你閱讀本書愉快，希望在未來的日子裡，你能快樂的進行與維護那些家庭中的美好儀式。

梅蘭妮・葛列瑟、艾克・霍佛曼

以及全體專家群

Chapter 1

儀式是什麼？有何作用？

儀式由來已久，不過卻會隨著時間改變，被遺忘或新創出來，但有一件事始終沒變，那就是儀式為我們的生活帶入了一種架構，協助我們自身與家庭建立和諧的生活。

在過去，如果有人每天按照固定的時間表生活，會被認為不夠酷、不知變通且太過嚴謹了。不過時間的推移改變了這種觀念，不論是專家學者或是個人經驗，都肯定生活中固定、規律而重複的流程，這也就是日常生活中的儀式。

你可能會發現，大部分的父母都認同固定儀式的重要，但即便如此，關於儀式的建議卻經常被忽略。孩子需要設定好的日常時程與儀式，這些儀式能塑造出一個令人滿意的生活架構。

儀式究竟是什麼？

儀式指的是在特定情境或特定時間點所做的特定行為。儀式有著特定的規則，且遵守著固定的流程。儀式多半需要練習，如此一來，在過了一段時間之後，便能熟悉該儀式的流程。

有些父母認為，固定的儀式與時程在今日的角度來看是種「權威式教養」，但完全不是這麼一回事，此兩者並無相關。

研究指出，對孩子的生理與心理健康而言，日常生活中固定不變的秩序，扮演著重要的角色，如以下二件事：

第一，最重要的儀式是，永遠固定的就寢時間以及就寢儀式（可參考P.36睡眠儀式）。第二，固定的用餐時間。一天至少要有一次全家人一起在餐桌上用餐，而且直到用餐結束前，所有人要都要留在餐桌上。

這樣的儀式會給予每個人，尤其是我們的孩子安全感、安定感與信賴感。

如果儀式才剛進入你的家庭與人生，之後你將漸漸發現，你的家庭生活會因此而變得較輕鬆。

透過儀式，什麼時間該做什麼事，會明確的預先確定下來，也就是毫無妥協的餘地，如此一來便能省去討論的時間，你也不需要一直緊張。

讀者們一定都有過類似的經驗，孩子們總希望事情的進行有相同的過程。因為這會協助他們進入特定的情境，同時也能讓孩子預先知道接下來要做什麼。如果事情與他們的期待是符合的，孩子將會因為再次經歷相同的事而覺得開心，對此事也會感到放心。即便是令人厭煩的責任、義務，透過儀式也能讓孩子覺得有趣，他們不會想錯過這些事。

我們自己也有很多願意再去回想的儀式：

「每當晚上我父親舒服的坐在地窖裡時，我會幫他煮杯咖啡，並把夸克起司當成他下班後的甜點。」

儀式有助於建構日常生活，它提供了可靠的地基，不過只有在它們不致淪為孩子討厭的事時，儀式才能發揮功效。但是對某些孩子必須要盡的義務來說，儀式卻能帶來減輕負擔的效果。儀式會在家庭裡被當成秩序架構，而且是每個人都能遵守的，儀式簡化了所有日常流程，如此一來便不會再有人去討論這些流程。

如果儀式已經內化成日常生活中的一部分，有時只有當它們產生變化時，我們才會意識到儀式的存在，而父母則很有可能在此時，受到孩子們強烈的抗議。例如：父母建議改換多年習慣的露營地點，或者不再去山上而改去海邊等。

請比較一下你的家庭儀式與其他人的家庭儀式，有時候需要這麼做才會顯現出，其實你已經擁有很多很棒的儀式，你足可以引以為傲。或者在比較之下，你會想到某些可以改變或補充的儀式。

儀式的作用

- 儀式給予孩子安全感、安定感與信賴感。
- 儀式能促使孩子獨立。
- 儀式讓日常生活得以預知。
- 儀式降低了孩子的恐懼感。
- 儀式給予你和孩子秩序和方向。
- 儀式能幫助孩子克服危機。
- 儀式能強化孩子的學習力並且增進專注力。
- 你可以藉由儀式向孩子說明規則並設立底線。
- 儀式讓孩子保持健康。

總結來說，儀式能讓你的孩子擁有強健的人格，而且還會負責讓他們健康長大。

儀式如何運用在日常作息中？

所謂儀式，就是那些永遠有著相同過程的行為，它們提供了日常生活中建構所有行為的過程，協助人與人之間產生相互影響。儀式還有其他優點是：凝聚團體、提供安全感以及降低恐懼等，不過達到這些目的的前提是，所有人或是絕大多數人都認同這些儀式，並且接受它們。儀式必須是參與者們討論過且願意接受的，因為儀式可能會影響他們的人格特質。

日常生活的流程，常常在儀式的協助下，有意或無意的被建構出來。儀式和規矩在教育工作當中是相當重要的基石，無論是幼兒園還是學校，特別是小學，都是有意識的使用儀式來進行活動，學校會透過儀式去推動與規畫課程。

總是唱同樣的歌，總是玩同樣的遊戲，這對於成人來說很無聊，但是這些從成人的角度看似毫無變化之事，對孩子們卻是有益的。

舉例來說，在不斷重複之下，孩子很容易學會「我知道！我知道！」這種慣用語。這樣的慣用語能提供方向，而且會很快的，有時甚至是立刻就能讓人理解自己要表達的意思。不過儀式必須要是所有人都了解的，所有參與成員都必須要接受它。

特定的儀式是某個特定程序的一部分，例如：所有小孩都知道，當他們到達幼兒園後就要做些什麼。你的孩子也很清楚，晚餐之後他們還可以安靜的玩幾分鐘，接下來就是每天都會重複的儀式——上床睡覺。

但是如果當儀式成為了束縛，就必須趕快廢除它。如果不想取消的話，那就用更好的儀式來替代。

不過因為儀式大多都包含好的面向，所以我們不太容易廢除它們。

儀式與規矩

儀式雖然和規矩不同，但卻有著某些共通點。在幼兒園、小學或社團等與孩子有關的場所或家中，規矩提供了安全感。請想像一場沒有規則的手球比賽或足球比賽，那必定會是一場充滿混亂的比賽。

每個人都體驗過規矩，並且會去遵守。規矩既然成立了，自然也要有不遵守規矩時的懲罰，這些懲罰有時會由某些成員共同制訂出來，如家規、校規等規定。相較之下，儀式若未如期執行是不會有懲罰的，因為儀式呈現的是教育中正面的元素，不應該與「懲罰」連結在一起。

儀式如何簡化生活，並產生歸屬感

儀式不只對孩子有所幫助，對身為家長的你也是有助益的，因為儀式可以為你提供一套每天都會重複的情境「時間表」，甚至可以告訴你在不同的情況下該如何反應。

那些我們施行或選用的儀式，多半來自於我們童年的經驗，以及在我們成長過程中所學會、看到、讀到的事，或是我們心中的願景，即我們在人生中覺得重要的事，抑或是我們所跟隨的價值觀與規範。我們每個人都由此自動發展出一套儀式，並覺得這些儀式是對自己以及孩子來說是正確且重要的。通常我們不會發覺，我們的行為當中已然包含著某些儀式。但若仔細思考，你將會發現，在某種特定的情況下，你總會做出相同的反應，即便只是聖誕晚餐的菜單。

除了這些自發性的儀式，和孩子們共同生活時，還有一件很重要的事。即在不同情境中須使用不同的儀式，例如：一起吃早餐和在門口道別時使用的儀式就不同。每個儀式都可以給予你的孩子安全感和依歸，尤其是在遇到變化的時候，例如：升學換校或進入青春期，他們將會因此而更懂得如何面對變化。

除此之外，儀式會讓家人更團結。面對外人時，當我們發現彼此使用的是類似的儀式時，會產生同心的感受。

儀式物何時發揮作用？效果持續多久？

如果我們仔細思索，很有可能所有人都會說：儀式伴隨了我一生。儀式是有意義的，而且也是永遠存在的。根據年齡的不同，特定的肢體接觸、行為或物品會成為某儀式的輔助工具，會賦予某種行為個人特質，這都是有意義的。

儀式物可以是任何東西，每個人的儀式物也都可能不同，而且會因年齡或發展狀態而改變。以嬰兒奶嘴的使用為例：嬰兒會在某特定時期需要奶嘴，而下個階段可能會變成安撫巾或安撫毯。被幼兒園稱為安撫娃娃的玩偶，它可以幫助孩子在與父母分離的初期克服恐懼，但安撫娃娃最後可能會變成某本特定的書、一首歌、一隻寵物、一件飾品、一封信或一件特殊的服裝。請在這方面盡情發揮你和孩子的創造力。

這些不同的儀式物都是輔助工具，沒有這些儀式物，特定的儀式就不可能進行，也不可能實現。

儀式物對每個人的意義皆不同。有的人緊捏著玩偶，是因為他需要有個能給他親密感的東西；有的人則是出於害怕，想藉著抓緊玩偶來擺脫不安；有的人是希望玩偶能帶走自己車禍受傷的疼痛。因此對這些人來說，玩偶只具有「安撫功能」或只具有「消除恐懼功能」，而非「玩具的功能」。

無論在任何年紀，當時所使用的儀式物與由之而生的儀式，對當事人來說都是最特別的。這裡的重點在「任何年紀」，也就是說即便成人亦然。有些儀式承襲自我們的父母，之後又由我們傳遞給我們的孩子，儀式通常是沒有時間限制的。

只要某項儀式物對使用者來說是有意義的，那麼它就會是充滿價值且重要的。畢竟該儀式的執行是由這件物品所導致的，儀式能給予人們信賴感、安全感、安定感，並且能協助指引方向，同時又能消除恐懼與不安。

不過儀式物不見得是「物品」，它也可以是一個動作。若你每天早晨擁抱孩子，每天清晨醒來時以及晚上睡前都給他們一個吻，那麼這種擁抱和親吻也是儀式物，而這種非常重要的肢體接觸就會是一種儀式。

儀式可能會造成傷害

儀式可能會造成傷害。乍聽之下你可能會覺得很荒謬，但確實是如此。儀式可能會留存在不好的記憶當中，甚至會引起（巨大的）傷害。

「去奶奶家度週末時，我們都會去墓園看爺爺。我們會幫爺爺點一根蠟燭、掃墓、澆花以及祈禱。那條路對我來說很長，但我卻不能夠騎腳踏車，而且為了尊敬亡者，我必須一直保持安靜。」

「放假的時候，叔叔會邀請我和表妹到他家去，叔叔家有午睡儀式，那真是令人難以忍受。」

「整個復活節假期，我都得幫媽媽大掃除，這個儀式讓我的假期沒有多少空閒的時間。」

孩子經歷了某些情境或被迫做出某些行為，是他本身無法去預期、無法控制也無法決定，或者他只是單純的不喜歡這些情境與行為，且這些行為的決定者與執行者是其他人——有可能是父母、祖父母或周遭他人。那麼這些情境或行為很有可能對孩子的人生造成不好的後果，甚至引發孩子一輩子的心理創傷。孩子可能完全不了解你想透過這些行為達到何種目的，你的目標和企圖孩子無法理解，甚至還會讓他感到害怕。

本書的協同作者之一，有一段孩提時的可怕經歷，當他的阿姨過世時，表姐希望她能一起進入停屍間與阿姨道別。因為身為親戚大多都會這麼做，而且傳統的儀式也是如此。說了好幾次之後，為了讓表姐滿意，她跟著進去了停屍間。在此之前，她對阿姨的記憶一直都是很美好的，但是到了停屍間後，完全改變了。自此之後，無論她與死者是什麼關係，停屍間與送別對她來說成了個問題。她現在就已經開始害怕，不知道當自己面對父母親過世時會如何。但同樣的事，對表姐來說並沒有那麼可怕，也沒有對她造成什麼問題，而我們的這位協同作者，卻因為這個儀式導致了「揮之不去的陰影」。

要是你強迫孩子去做一件你覺得很好，但孩子卻因為害怕而抗拒的事，可能會導致他一輩子都會害怕這件事。孩子對這件事的理解與你完全不同，他還不夠成熟，也許那樣的情境對他來說會造成很大的負擔。

請不用擔心，只要注意幾個簡單的規則，儀式對你與孩子來說，便是有助益而且美好的，這些規則書中之後將會陸續提到。

請注意，若儀式是在父母安排之下強迫去做，將會造成不良後果。只有將儀式與正面的事物做連結，儀式才會是有益的。此外，不斷的調整儀式而非永遠不變，是很重要的。例如：應該按照孩子的年紀、不同的需求或新的家庭結構來做改變。儀式也需要與時俱進，必須要重新檢視定期調整。

如在星期天早晨讓小小孩有多一點時間依偎在父母身邊，但對青少年來說，卻不再需要這麼做，也許對青少年來說，一頓「週日早午餐」會更受歡迎。如此一來隨著年紀的增長，即便已經讀大學的「大孩子」，也會很樂於在星期天回家一趟。

對儀式的堅持有時候可能會造成壓力，例如：年輕夫妻各自從原生家庭帶來儀式，但這些儀式並不見得適合這個新家庭，又或者另一半有著不同的看法。這種時候雙方需要大量的包容心與敏感度，才能一起制訂新的、屬於這個家庭的儀式並維持下去。

儀式該如何施行？

- 最簡單的當然就是父母雙方一起思考，想在家中進行哪些儀式。
- 不要立刻施行一堆儀式，而是以兩個為基準再逐漸增加。
- 不要大張旗鼓的宣告要施行儀式，而是悄悄的將之置入日常生活中。
- 如果孩子對儀式提出疑問，你要欣然回答。例如：為何所有家庭成員都必須到晚餐結束才能離席？好好說明，孩子一定能夠理解。
- 請記住，就算成人也必須遵守這些儀式。你將會發現，有些儀式很快就會出現成效，有些則需要多一點時間，直到它們完全融入生活為止。

只要留意這些原則，任何儀式都會成功。

Chapter 2

媽媽的一天是這樣過的

一個有計畫、有秩序、重複不變的日常生活，對你來說可能會顯得無趣，但對孩子來說卻並非如此。孩子喜歡例行行程與重複的事物，這會讓他們有安全感和信賴感。

然而即便是日常生活的流程與例行的公事還是會改變，這取決於事件的不同，或孩子的年齡與發展。因此請確實注意是否需要做些改變，才不會造成強迫、壓力及太多束縛。

請不要忘記，在所有秩序中加入一些空間，即自由活動時間。允許孩子在這段時間內玩耍或做些他們感興趣的事。

早晨

一天的開始，起床、梳洗、吃早餐這些事，並不是孩子天生喜歡的事。如果你家的孩子有「起床氣」，那麼你可能一大早就會開始感受到壓力，甚至爭吵。透過正確的技巧以及從小就開始進行的早晨儀式，每個早晨都可以讓父母毫無壓力的輕鬆展開。

「我們家每天早上總是吵吵鬧鬧的。為了讓女兒睡飽再去幼兒園或學校，我都會晚點叫醒她，因此我們總是很匆忙，最遲在準備刷牙洗臉時，混亂就上場。我經常得在女兒哭鬧的狀態下，幫她刷牙、穿衣服，當我們互道再見時，往往彼此都鬆了一口氣。那種感受有多不好，我想不用我說，身為父母都能理解！

某天，我和女兒一起思考，為什麼每天早上都會這樣不愉快，對此她有一個非常簡單的解釋。女兒其實只是想在這些早晨的例行公事開始之前，先玩個幾分鐘。於是我們一起做了決定，她每晚提早二十分鐘上床睡覺，然後早上早一點起床。這麼一來，她在我們一起吃早餐並準備好上學與上班之前，就還有一點時間可以玩。」

有的時候僅僅只是幾個小動作或短短幾分鐘，一天的開始便能變得簡單很多，讓早晨可以以更美好的方式展開。

起床

關於起床，你可以建立一套美好的個人起床儀式，下面是本書一位協同作者的做法：

「早上我會溫柔的喚醒女兒，慢慢拉高百葉窗，然後輕柔的撫摸她的頭髮，給她一個吻。在女兒逐漸清醒的那段時間，我開始準備早餐，同時我會讓兒童房的門是開著的，這樣她就能聽到聲音，不會繼續睡。現在，即便女兒比我早醒來，她還是會躺在床上等我，因為她很享受我們每天早上都會做的這個儀式，她不想錯過它。」

起床儀式要考慮到你和孩子的甦醒節奏。如果你和孩子都屬於早晨平靜型，那麼你的一天可以這樣開始：輕聲走進房間，吻醒孩子，微微拉高百葉窗，好讓孩子慢慢甦醒，這麼做房間也不會立刻就亮得讓人不舒服。也許你還可以放些輕音樂，在孩子下床前給他一點時間平靜的醒來，這樣的話，早晨時間會輕鬆很多，而且會有個美好的開始。

如果你的孩子有起床氣，那麼就請你給他所需的安靜空間，因為還有下午和晚上的時間足夠讓他恢復活力。讓孩子看到你如何快活的展開一天，讓他知道你也有要解決的問題，不要糾結在那些你覺得很重要的事情上，而是要將心比心的為孩子著想。

「早上我會和女兒在床上擁抱、親吻，依偎在一起，並且一起做她的早晨運動——踩空氣腳踏車，這真的很有趣。」

你聽過「喚醒身體」這首歌嗎？這或許也是一個在早上叫醒孩子的好方法喔！

喚醒身體

早安，親愛的手臂，我們現在要叫醒你，
早安，親愛的手臂，伸一伸呀，拉一拉。
早安，親愛的腿，我們現在要叫醒你，
早安，親愛的腿，伸一伸呀，拉一拉。
……

以此類推，你可以自行創作，這首歌能用在身體任何部位，快試試看吧！

或者你也可以在早晨和孩子做做晨間瑜伽，相關的兒童瑜伽動作可以參考烏蘇拉·卡爾文（Ursula Karven）的書《席娜與瑜伽貓》（*Sina und die Yogakatze*）。

當孩子明白每天早晨的流程都是固定不變的，那麼他們會知道可以信賴你，而且無須害怕如上學或去幼兒園會遲到。

重要的是，流程要固定不變。這樣孩子就會知道該做些什麼，而且也能做好準備。

刷牙洗臉

起床之後當然就是帶孩子到浴室盥洗。盥洗的流程因人而異，即便是小小孩也能從固定的流程，也就是儀式中獲益。

如果你的孩子還在包尿布，下面有個很棒的尿布儀式可參考：換尿布時先讓「手指小人」出來打個招呼，寶寶會因為感興趣，而有耐心的忍耐換尿布，換完之後「手指小人」還會再出現一次。

手指小人打招呼

小人要爬樓梯囉！（手指由腳爬至膝蓋）
蹲一蹲，（搔搔膝蓋）
再往上爬，（手指繼續向上爬至脖子）
按按門鈴，（輕拉耳垂）
敲敲門，（非常輕的敲敲額頭）
叮咚，叮咚（再輕拉耳垂）。

你要盡可能讓自己也習慣，將換尿布的過程變成一種儀式。

如果你的孩子年紀比較大一些，可以做下列的儀式，讓孩子習慣洗手擦手。在洗臉台旁按孩子的高度掛一條他自己的小毛巾在他的掛勾上，當你把小椅子放到洗臉台前時，他可以抓到小毛巾，洗完手後還可以用自己的毛巾擦擦手。

換衣服

接著輪到換衣服了，也許你早在前一晚就找好了孩子想穿的衣服，而且早上時還用它們在地上拼出了一個人形？

也許你的儀式是和孩子一起看看窗外，想一想今天是冷還是熱？昨天找好的衣物適合嗎？或者必須增加別的衣物？又或許你們會一起聽聽氣象預報，然後再想一想該穿哪件夾克？是否需要圍巾、帽子、手套或涼鞋……。

假如可以在每天早晨幫女兒梳頭髮、綁辮子或梳個漂亮的新髮型，那也會是個很棒的儀式。也許你也可以和孩子一起找找搭配髮型的小髮夾……。

請看看哪些儀式最符合換衣服的程序，發揮你的創意吧！

吃早餐

在甦醒、下床、梳洗、更衣後，緊接著最重要的事就是「吃早餐」。共享早餐時光不只是項重要的儀式，也為孩子奠定在幼兒園或學校度過美好一天的基礎。請規畫足夠的早餐時間，不僅你自己可以藉此培養一天的精力，也可以和孩子聊聊昨晚的夢等。如果孩子做的是惡夢，說出來後會比較輕鬆，也不會被惡夢困擾太久。如果孩子將參與一場艱難的測驗，你可以在這個時候藉由簡短的提問來化解他的擔憂和害怕，也可以和家人們談談今天的行程和規畫。

這段共享的時光與對話會讓孩子有歸屬感、信賴感與安全感，他會覺得受到家庭的保護。請記住，早餐要均衡且豐盛，孩子才能獲得一整天的元氣。

如果你的孩子每天早上都能使用專屬的或自己喜歡的餐具、杯子用餐，這也會是個很好的儀式。

中午

每個家庭在這個時間都有著各自的行程，你有可能要去幼兒園或學校接小孩，或者因為孩子已較大能獨立了，所以他自己可以走回家。也許你已經準備好了午餐，正迫切的想聽聽孩子今天發生的事；也許你又忙又趕，幾乎不得閒，甚至是一團亂；也許孩子會在托兒所或學校用餐，所以你不需要準備午餐……。

不管你的家庭狀況如何，儀式都能幫上忙，協助你好好處理中午與孩子回到家的這個時刻。

所有的儀式都會因人而異，重要的是你的家庭生活流程必須一致，如此一來孩子才會知道接下來將會發生什麼事，並獲得安全感。例如：他必須要知道中午會有東西吃。

到家後的儀式

回到家的第一件事是脫掉鞋子與外套，將它們收好，再換上室內鞋。接著從書包裡取出水壺和餐盒，拿到廚房準備清洗。接下來馬上就要吃午餐了，所以在上餐桌之前，必須把手洗乾淨。或許你會根據家庭成員年齡的不同來分配工作，有的負責擺放盤子與餐具，有的準備杯子和飲料，有的得負責清理。或許你家還需要在用餐前一起禱告。

吃午餐時大家會說說這天做了什麼？有哪些新鮮事？有沒有要討論或說明的事情。有的家庭用餐時，家庭成員會輪流說說自己這天的經歷，請確保每個人都發言了，沒有人被忽略。這是個很好的練習，可以訓練孩子的發表能力。

午餐後每個人（按年齡而定）都有一小段休息時間，也許休息後孩子還有功課要做。

午休時間

你還記得自己的求學時光嗎？你還能感受到上學有時是很辛苦的嗎？全天或半天的課程中，有時還有體育課，如果還要騎腳踏車回家或書包太過沉重，那麼真的需要好好的午休一下。即便是大人，有段小小的午休時間也變得越來越重要，而且休息時最好沒有孩子在身邊。

「吃完午餐並一起清理餐桌後，我們家的每一個人（包含大人在內）都有至少二十分鐘的午休時間，最小的孩子會睡一下，大一點的孩子會安靜的玩，看看書或聽聽有聲故事，而我們大人則利用時間看本書或雜誌。」

即使你的孩子長大了，固定的午休時間絕對還是有意義的。就算他們不午睡也沒關係，孩子以前習慣午睡，也許現在已經不需要了，但午間休息對他來說還是有好處的。請和孩子約定，例如：午餐後固定休息約三十分鐘，他可以在這段時間看看書、安靜的玩或聽聽有聲故事。重要的是他在這段時間內不會去做活動量過大的事情。

下面有兩個非常棒的點子，讓你可以簡單的為一段美好的午休時光施點魔法。

魔法島

在孩子房中鋪一塊野餐墊，再加上幾個抱枕，就可以輕鬆的為孩子變出一座很棒的「午休魔法島」。

藏寶箱

你也可以設置一個專供午休使用的「午休藏寶箱」，裡面放一些聲音很小、可以放鬆的好物品。例如：特別的畫筆、著色本或圖畫本、繪本或書、手工編織器、串珠、曼陀羅著色本等等。請和孩子一起為這個箱子想一個名字，這只特別的箱子必須被保存在一個特別的地方，而且只能在午休時間把東西拿出來，等午休結束後，要再放回去收好。

晚上

規律的就寢時間對每個孩子來說都是極為重要的，如此孩子才能擁有健康的睡眠習慣，所有年齡層的孩子都一樣。每個父母都希望，孩子晚上能很快入睡，要做到這點其實一點都不難。根據研究指出，不規律的就寢時間會導致一種近似時差的身心狀態。很重要的一點是，幼兒時期的發展會影響終身的健康，所以睡眠節奏不能被打亂。特別是正在處於成長階段的孩子，很可能導致長期的健康問題。

根據研究顯示，三歲、五歲與七歲時的睡眠狀況，會影響孩子日後出現行為異常的問題。對三歲的孩子來說，不規律的睡眠時間會造成週期性失眠與行為異常，所幸只要開始規律就寢並持之以恆，不規律所造成的影響也會降低，長期性傷害也會明顯受到抑制。

在孩子上床睡覺前，必須有一套一再重複的特定程序，如此一來孩子便會知道，接下來就是睡覺時間了。例如：可以由整理房間開始，接著洗手、再玩一下、換上睡衣、刷牙、唸故事、抱抱、閒聊，也許還有禱告，在床邊放一杯水、把安撫玩偶放手邊、點亮小夜燈等等。

「小時候，晚上我們會坐在客廳裡，我會和爸爸媽媽依偎在一起。到了該上床的時間，爸爸媽媽會把我放在一張毯子裡，我就像躺在一張吊床上，他們會一前一後抓著毯子搖晃，邊搖邊把我帶到床上。等我躺上床後，媽媽會唱一首歌給我聽，我可以自己選一首歌，但我永遠想聽的都是弗瑞德力克・華勒（Fredrik Vahle）的〈雞舍〉（Der Hühnerhof）。」

即使你的孩子還不會看時間，但有了儀式，他會清楚知道這個時候要上床睡覺。父母雙方要輪流帶孩子上床睡覺，這樣才不會讓孩子只想由父母當中特定的某一人陪。

到了孩子的臥房後，將燈光調暗，上床後再抱抱親親一下，也許可以做個小瑜伽，講講故事，唱唱歌，聊聊白天發生的事，道晚安時給彼此一個吻，關上燈，按下安撫音樂或助眠音樂，半掩上房門。

請向孩子保證你會常常去看他，例如：十分鐘一次。剛開始時，他會去注意你是否確實做到，當孩子發覺父母信守承諾後，就能平靜的入睡，之後再逐步拉長時間即可。

重要的是，一開始就得在安靜、放鬆的氣氛下進行，你的孩子需要也喜歡這種儀式化的程序。

你一定曾在孩子上床時聽到「我還不想睡」這句話，當孩子這麼說的時候，該怎麼辦呢？請保持冷靜，放輕鬆，然後堅定立場。絕對不要對孩子的抱怨生氣發怒，稍等一下後，再平靜的重新做一次儀式就好。

有些孩子需要幾好週才能接受某項睡前儀式，但有些孩子只需要幾天。重要的是，你需要保持冷靜、堅定與耐心。由於你自己可能會先失去耐心，所以請務必放棄所有助眠法，如：親餵、瓶餵、奶嘴（只有小嬰兒可以）、背睡、抱睡、用車子或推車推著睡等。這些方法常常會造成孩子的睡眠障礙。因為孩子會一再的需要這些才能入睡，即使是半夜也不例外，他會習慣於這些不好的助眠法。請和孩子約定好並堅守承諾，否則你將會失去孩子的信任。

不同的睡前儀式

- 「晚餐後再玩個幾分鐘，然後就要換衣服、刷牙（順帶一提，對於心不甘情不願的小男孩，唱首歌會很有用），接著是說故事（一起坐在沙發或父母床上，唸一個孩子所選的故事），然後在我們的床上再抱抱一下，最後回到自己的床，在晚安曲中上床睡覺——這就是我們家的睡前儀式。」
- 「我兒子可以在他上床睡覺前，看一小段他喜歡的兒童節目。」
- 「我女兒小時候，我會用玩偶和她說話。她最愛的兔子玩偶菲力克斯會沿著房間門往上爬，從上方驚訝的向下望，和我女兒再說些話後，從門上助跑跳上她的床，重複五次後才結束，我這樣做了大約兩年（從三歲到四歲）。」
- 「大約有一兩年的時間，說故事是我們家睡前最重要的事。我想這絕對是最棒的睡前儀式。」
- 「當孩子大一點時，我會和他們在睡前玩一下。把手伸進被子底下動來動去，假裝是隻螃蟹，去捏孩子的屁股，通常都會讓他們開心的大叫。」
- 「孩子會等我再去看他們時，做些有趣的事。雖然他們會再度清醒過來，但卻會在睡前因此感到滿足。」

・「我認識一個小男孩，他一定要放兩顆蘋果在枕頭旁才睡得著，可惜如今已經沒有人知道這項睡眠儀式是怎麼來的了。」

重要的是，你是有意識的在平靜、無壓力並與孩子共處的情況下帶他們上床。請不要在睡前看電視或說太刺激的故事，相反的最好和孩子平靜的聊聊今天所發生的事。不要在睡前拿當天生氣的事去刺激孩子，在事情發生當下，就應該和孩子說明清楚。

絕對不要在孩子不聽話時，叫他到床上待著，把床當成處罰工具。這麼做孩子會將床與怒氣、恐懼做連結，而非休息、睡眠這些美好的事。

請堅持下去，你的孩子定會擁有良好的睡眠習慣。

睡前洗澡

睡前的儀式可以選擇適合孩子的方式，但是順序不可以改變，孩子才能適應程序並擁有安全感。在洗澡時，孩子可以體驗溫柔且充滿愛意的感受，他能透過身體的碰觸和你產生緊密的連結。寶寶會因此而愛上洗澡、拭乾與抹乳液，他會喜愛光著身子和你待在溫暖房間裡嬉鬧、玩耍與和你親吻擁抱。你也能在洗澡時，唸一些好聽的歌謠或自編歌曲。

水精靈

水清靈從浴巾裡冒出來，
爬過小手、手臂直到頭上，
敲敲額頭再碰碰鼻子。
水精靈帶著水壺爬上山，
敲一敲說鼻子先生你好啊！

蹦蹦與跳跳

親愛的腿啊，你們好！
你們叫什麼名字呢？
我叫「蹦蹦」，
我叫「跳跳」。
我是小腳「小搗蛋」，

我是小腳「小皮蛋」。
小搗蛋和小皮蛋要去旅行，
啪啦啪啦穿過沼澤，
弄濕了鞋子和襪子，
媽媽過來看了看，
兩隻小腳跑掉了。

唱這些歌時，你可以自由加上動作。剛開始的時候你可以主動去擺動孩子的雙腳，之後他就懂得自己做了。

當孩子年紀大一點時，父母都知道有些事他們會想自己做。在做之前，他必須清楚流程，並知道做法，請給孩子提示並協助他。

重要的是，請規畫充裕的時間，讓洗澡可以在安靜、沒有時間限制和壓力的狀況下進行，如此一來孩子便不會抗拒，會玩得很開心。

這麼一來，洗澡就會變成一種雖然必須做，但卻讓人感到舒服的事。

如果進行的不順利的話，請記得，不可提高音量與責罵孩子，請多點耐心。此外自創的洗澡歌或童謠往往能派得上用場，重要的是讓孩子知道什麼時候該洗澡，以及洗澡時該做些什麼事。

開心刷牙

為何刷牙會讓那麼多孩子討厭並且反抗呢？其原因不明，但大部分的孩子確實不喜歡刷牙。即便如此，運用儀式就能創造奇蹟喔！你可以在孩子還小剛開始刷牙的時候，邊刷邊唱刷牙歌，刷多久就唱多久，歌詞怎麼唱就怎麼刷。對某些孩子來說，手偶也有所幫助。請試試哪種方式最適合你的孩子，並維持這種方式直到孩子能獨立刷牙為止。

「有趣的是，我的女兒永遠只願意在我唱『所有小鳥都來了』這首歌時刷牙，而兒子們卻是要另想辦法。最好常常變化，找些出乎他們意料之外的有趣事物。」

入睡

關於睡眠，寶寶是比較容易控制的。先餵寶寶喝奶，接著換尿布、輕聲哼唱催眠曲，或放安撫音樂。這麼做寶寶很快便會了解今天已近尾聲。或者你也能這麼做，好影響孩子的生理反應，例如：輕聲交談，讓四周安靜下來，接著將燈光轉暗，生理系統便會自動降低速度，準備好要睡覺。

「我們家有一個很棒的儀式：我和孩子會一起望向窗外，摟著孩子，看著夜空中的星星、月亮或飛機。還會一起唸唸童書《猜猜我有多愛你》裡的句子：『我愛你（加上孩子的名字），從這裡一直到月亮，我愛你從這裡一直到月亮，再繞回來』。」

「晚上我會和女兒一起爬上她的床，窩在她的被子裡為她讀故事。說完故事後，她會告訴我她一整天遇到的事，這個儀式對她來說很重要。我要離開她房間時，會幫她打開夜燈，並播放一個較不刺激的故事。故事常常都是同一個，因為她聽這個故事通常都很好入睡。等我上床前，會再去孩子房裡看看，關上燈，幫她蓋好被子。由於女兒知道我半夜還會再去她房間裡看看她，所以她很有安全感，而這也能讓她更平靜的入睡。」

就像我們看到的，固定的行為與儀式物非常有用，可讓孩子好好入睡。很多孩子都有一個上床睡覺時不可或缺的玩偶，和這個玩偶一起，他們會睡得特別好，有的孩子還會在上床後向玩偶敘述自己的煩惱或祕密。如果要在別處過夜，這個玩偶可以幫助孩子，在不熟悉的環境之中，仍安穩入睡。

「當我還很小的時候，睡覺前總要晚禱，因此我能將自己遇到的事和煩惱告訴『親愛的上帝』後平靜的入睡。而我的父母也能同時知道我的想法，並且幫助我不再害怕與煩惱。接著我會抱著我的泰迪熊，通常我都能很快入睡。有的時候我也會把我遇到的事情和煩惱告訴泰迪熊，有一個分享祕密的對象，所有事情便沒那麼糟糕了。媽媽爸爸永遠都用同樣的方式幫我蓋好被子，我既不會著涼，也會獲得安全感。我房間的門會留下一條小縫，好讓外頭的燈光洩入房內，而媽媽也會在半夜靜悄悄的再過來看看我。」

這些儀式將持續很久，直到年齡增長後有新的或被其他的儀式取代。儀式的改變某種程度上是自發的，會隨著成長而改變的。

許多孩子白天在學校的行程很緊湊，或在學校或幼兒園裡遇到許多新事物和壓力，或者單純天性敏感。這些都讓孩子一整天都像上緊發條似的，所以讓他們能夠平靜下來很重要。在夜晚逐漸降臨，孩子必須上床時，保持平靜是絕對必要的。對於必須專注在課業上的學齡孩子，讓他們學習如何平靜下來也同等重要，起初父母可以教他們怎麼做，之後讓他們自己完成。

下方有幾個讓孩子心情平靜下來的小儀式，你可以試試看喔！

讓孩子平靜下來的小儀式

說故事抱抱

找個片刻安插一段說故事休息時間，一起在沙發或某個安靜的地方和孩子依偎在一起。孩子想要的話，也可以蓋一件舒服的小毯子在身上，講一個較不刺激的故事，也許他會有一本特別喜愛的書，而且總是要你講這個故事給他聽。當你規律的這麼做之後，將會發現，在這種情況下孩子很快就會放鬆下來。

熱牛奶加蜂蜜

你一定也知道在熱牛奶中加入蜂蜜，熱熱喝下時，那讓人平靜的功效吧！或許這會是一種你想讓孩子在晚上能平靜下來的儀式。

幻想之旅

來趟幻想之旅吧！市面上有許多很棒的放鬆音樂，你能在網路上找到不少資源。和孩子一起聽著音樂，隨著音樂天馬行空去想像，讓孩子來場專屬於他的幻想旅程。在與你一起做了幾回練習後，孩子也能自己來進行，那麼即便在只有他一人的情況下，他也能學習讓自己平靜下來。

放鬆練習

你知道放鬆練習嗎？進行放鬆練習有助於舒緩焦慮和壓力。你可以改變一下做法，找出適合孩子的方式，這也是能幫助孩子平靜下來並好好入睡的儀式。或者說個讓孩子放鬆的故事吧！烏莉克・佩特曼（Ulrike Petermann）所著的《尼莫船長》（*Die Kapitän-Nemo-Geschichten*），書中有非常漂亮的水底世界插圖。哈山・雷非（Hassan Refay）的《史特奇401》（*Stecki 401*）也是一本能讓孩子感到舒服的放鬆故事。

畫畫或寫日記

畫一張有關今天的畫，或當孩子大一點時，讓他將今天發生的事寫進專屬他的帶鎖的日記本中，這都會成為很棒的儀式。

如果你偶爾必須換個方式幫助孩子放鬆，例如：因喉嚨沙啞而不能講故事時，不用太擔心，來個小小的腳部按摩搭配上好聞的乳液吧！

按摩也可以是幫助入睡的夜間儀式

按摩的形式不拘，如果你能幫你的按摩法取一個很棒的名字，定能加分不少。「晚安馬殺雞」或「好夢按摩」如何？發揮你的創意吧！

另外，有種比薩按摩法也很受到歡迎。

比薩按摩法

這種按摩法可以由父母來為孩子做，或反過來讓孩子為你們做也行。作法如下：把背部當成「工作台」，假裝放上比薩麵團，桿開麵團後鋪平，以撫摸的方式放上「比薩的配料」（番茄、青椒、蘑菇、香腸、火腿、起司等），接著將比薩送進被窩烤到明天早上。

經典方法：晚安故事

晚安故事絕對是夜晚儀式當中的經典，你有許多不同的選擇，如：尋物繪本、一千頁小說、爸爸或媽媽自創的故事……什麼都可以。需要注意的是，別選太過刺激的書或故事，以免孩子不好入睡。盡可能維持一定的故事時間，如果還能再調暗燈光並輕聲讀故事，入睡就幾乎沒問題了。

「與孩子相處時我最喜歡的儀式是晚安故事，當孩子大到逐漸不想再聽故事時，我自己並不是很開心。」

孩子最喜愛的是自創的故事，別覺得你沒辦法自創，這其實很容易。多半只要一個簡單的故事線，請由「很久很久以前……」開始講起，或者你可以參考下面的《巨人玫瑰花》的故事，說給你的小小孩聽。

巨人玫瑰花的故事

「很久很久以前有一朵巨人玫瑰花，它非常非常大，它有一個非常非常大的家庭，巨人玫瑰花的家裡有非常非常大的媽媽、非常非常大的爸爸，還有七個非常非常大的兄弟姐妹，它們分別是非常非常大的莎拉、非常非常大的盧卡……」。

想必你可以想像這個故事會沒完沒了，不過小小孩多半都會在你說完所有兄弟姐妹之前就睡著了。

如果孩子也能出現在故事裡面的話，他們將會特別感興趣。你可以把書中角色的名字用孩子的名字來取代，或者為孩子創造一個故事。也可以單純和孩子聊聊這天過得如何，或告訴孩子他小時候發生的故事，抑或講講自己孩提時代的事給孩子聽。

自創的睡前故事

小動物（鳥巢裡的小鳥或兔子洞裡的小兔子）在父母不在身邊的情況下經歷了一場小冒險（孩子能藉之聯想到曾經經歷過或即將遇到的事情）。在故事結尾，這隻歷劫歸來的小動物回到溫暖安全的兔子窩（鳥巢）後變得更勇敢了。

想像是毫無極限的，說個有趣的晚安故事其實一點也不難，乾脆就從今晚開始吧！

催眠曲

好聽的催眠曲不計其數，對小小孩來說歌詞並不重要，因此你可以不用管歌詞，自編自唱一些經典的催眠曲，例如：「寶寶睡，快快睡……。」

「對我的孩子來說，催眠曲永遠都是同一首。最小的孩子是〈小花睡著了〉，其他孩子則愛聽〈你知道有幾顆星星嗎〉。」

「我的小孩最喜歡弗瑞德力克・華勒（Fredrik Vahle）的歌〈睡吧◯◯（孩子的名字）〉睡吧！夜晚馬上來了，把雲做成拖鞋……」。

「法蘭克的媽媽每晚都會帶他和妹妹上床睡覺，他們其中一人可以選一首催眠曲，媽媽會唱給他們聽，好笑的是法蘭克的媽媽只會三首催眠曲，所以幾乎都能猜到哪首歌會被選中，不過即便如此，他們也都會開心入睡。」

禱告與睡覺格言

「我的父母很虔誠，因為主禱文對小孩來說還太難了，所以我和媽媽說好睡前要有一段小小的家庭禱告，我至今還記得禱辭：

『我馬上就要閉上雙眼，
親愛的上帝，請賜我平靜！
你的天使會守護我，
讓我一夜好眠！』

事實上，我總是睡得很好，這是禱告的功勞嗎？也許吧！我沒有小孩，但是將來如果我有的話，我絕對會把這美好的小儀式延續下去。」

以下是一則非常知名且廣為流傳的禱文：

我很渺小

我很渺小，
我的心很澄澈，
除了耶穌以外沒人能住在我心裡。

有媽媽會在睡前唸些諺語嗎？如：「嬰嬰睏，一眠大一寸。」英文也有這類的句子：「睡個好覺，小心別被臭蟲咬到（Sleep tight and don't let the bedbugs bite）」。你知道「禱告骰子」嗎？那是一種六面都寫上一段禱文的骰子。可以讓孩子擲出骰子，然後和父母一起唸出骰到的禱文，如此一來晚禱就不會一成不變了。睡前諺語或禱文的內容有無數種，請看看哪種最適合你和孩子吧！

晚安，做個好夢

當睡覺時間來臨，你一定也有自己的固定儀式吧！做完所有的睡前儀式後，孩子平靜了下來也放鬆了，你以一個最後的晚安之吻道別，再次幫孩子蓋好被子，將泰迪小熊放上床或塞進孩子懷裡，關掉閱讀燈，祝孩子安睡做個美夢。孩子會覺得很有安全感，他知道如果發生什麼事，你就在不遠處，請點上小夜燈，如果你們約定好，你還會進房裡看看，請不要忘記去做，剛開始時孩子一定會去注意，你是否真的再次回到他房間，看看一切是否安然無恙。

該如何對付惡夢呢？

所有成年人都知道，睡眠是為了休息。但孩子卻偶爾會在夜間做惡夢，而產生恐懼、憂慮的狀況，讓他們不想單獨一人。

孩子必須要能從你身上獲得受到保護的感覺，即使你在別的房間睡覺，他也必須感受到自己很安全。

孩子的發展也會影響夢的形式。大約一歲半左右，孩子開始會做有畫面或有場景的夢，但他們還無法解釋這些夢，或者並不知道那只是夢而不是真的。他們不知道夢中的人和動物只存在於夢境裡，醒來就會不見。

大約六歲左右，孩子開始能夠理解他的夢並不是真的，夢不存在於現實當中，但是在這個時期做惡夢的情形卻會越來越多。孩子會做惡夢的原因有很多，如：生病、面對新事物、和朋友相處的經歷、家庭或學校的壓力等，也有可能是你完全想不到的原因。請開口問問孩子做了什麼夢，如果他能說出來，便不會一直被惡夢所困擾。而且很快就能知道，這不是真的。他會知道只要醒過來，夢就會消失。

和孩子談論夢境，你可以更了解自己的孩子，知道他承受著哪些負面情緒，或者他有哪些正面的想法。請和孩子聊聊他的夢，讓孩子在和你談論夢境時不會感到害怕或羞赧，也不會覺得自己必須獨自面對，這是非常重要的。

無論孩子多大了，一旦他因為做了惡夢而叫喚你或跑到床邊找你時，請抱抱他，平靜的和他說說話，告訴他沒事的，那只是個夢（以及那並不是真的）。等孩子確實冷靜下來後，再帶他回到床上，向孩子再道一次晚安，撫摸他或親親他。做法視你們的晚安儀式而定，要讓孩子覺得你就在附近守護著他。

你同樣也可以利用儀式來保護孩子不受惡夢侵擾。

趕走惡夢的儀式

魔法被子

在睡前抖動孩子的被子，藉此製造出「魔法粉」，魔法粉可以讓孩子睡得更好，而且還會帶來好夢。這種儀式與你聲音中的魔力往往能創造出真正的奇蹟。

用魔法招來好夢

每晚唸完故事後，我都會用手將惡夢從女兒的腦袋拉出來，同時唸一些咒語，然後我就會在她的腦子裡施放做好夢的魔法，一邊撫摸她的頭一邊輕聲唸她覺得很棒的事物（如馬、精靈、貓、勇敢等等……。）

將惡夢畫下來

你可以在孩子做惡夢的隔天，拿張紙請孩子畫下來，接著再撕毀它，並丟進垃圾桶，或者和孩子一起把它燒掉。

保險箱

你也可以和孩子一起製作一個大保險箱，然後直接把惡夢裝進去鎖起來。

當夢的導演

如果孩子做了惡夢，你們可以一起想想這個夢怎樣會變得比較正面，或者是否有人可以在夢裡幫上忙，如：一個特別強壯的英雄或動物。他們可以打倒夢裡的敵人，透過這樣的儀式，孩子將逐漸學會擺脫惡夢。

捕夢網

你可以和孩子一起做個捕夢網，親自動手做這點很重要，如此一來這個捕夢網才會有用。你可以事先把捕夢網的故事說給孩子聽，接著製作時加點想像力，編一個捕捉壞夢的網。中間留一個圓洞，在下面的線繩上吊上羽毛，這樣才能招來好夢。

面對獨自睡覺的恐懼

小孩最喜歡和爸爸媽媽一起睡了，在父母身邊聞著他們的氣味能讓孩子安心，他們會覺得很有安全感。

偶爾讓孩子到父母床上一起睡，確實也不是什麼需要譴責的事。你可以問問孩子為何喜歡和你們一起睡，你一定會得到答案。

「我女兒覺得聞到我的味道很好，那會讓她很有安全感。我們很快就找到解決辦法了，她每天晚上可以帶一件我穿過的衣服上床睡覺，她還常常把我的衣服穿在自己的睡衣外面。從此之後，獨自在自己的房間睡覺，對她來說就不再是問題。」

對某些孩子來說，他們的房間實在太安靜了。躺在床上時，孩子很喜歡聽到父母發出的聲響。請在你們還未上床，且屋內還有各種聲音時，讓孩子的房門留個小縫。如此一來，孩子便會知道你就在不遠處，而且隨時可能進來。

如果你的孩子怕鬼，請在睡覺前和孩子一起在房裡「抓鬼」。一起翻看房裡的每個角落、衣櫃與抽屜，讓孩子確信沒有任何一個地方，還藏有會在晚上來騷擾他們的鬼怪。孩子一定會覺得這麼做很有趣，同時又可讓他們相信自己的房間裡沒有恐怖的東西。

請自行找尋適合你和孩子的方法，每個孩子都有不同需求，身為父母的你必須好好傾聽和觀察，那麼你將很快就能找到協助孩子獨自睡覺的方法。

你也可以利用守護玩偶或守護故事，這個玩偶最好很大，例如：一隻毛茸茸的海豹。

在遇到危險或做惡夢時，孩子可以騎到它背上去。或是一隻大鱷魚，孩子睡覺時，它可以打跑怪物或不好的事物。

在芭柏・施巴特夫（Bärbel Spathelf）和蘇珊娜・史澤施尼（Susanne Szesny）合著的童書《現在要睡覺了》（*Jetzt wird aber geschlafen*），書中就有一隻瞌睡鼠會在睡覺時幫忙趕走惡夢。

週末——和平日不同

星期六終於到了，週末終於到了。今天沒有人要去幼兒園或學校，而你也不需要去上班，在假日所有事情都會有那麼一點不同。

在週間全家人很少能全部到齊，因為父母（或只有當中的一方）要工作，而孩子要去幼兒園或學校，下午的時間則安排了家庭作業、運動、約會、音樂才藝班等等。

今天所有人都能夠睡晚一點，那便是開啟了你的週末模式。你有時間吃頓豐盛的早餐、安排個特別的計畫，但每個週末都是如此嗎？

「這並非規律的儀式。我的父親很忙，但是生在一個有三個姐妹的家中，每當我單獨和父親去做一趟男人的郊遊時，那總是非常特別的。通常我們會幫橡皮艇打氣、打包一些食物，然後往我們附近的河流下游划去，划了幾公里以後會看見一座花園餐廳，我們會在那裡稍作休息。郊遊途中我們只會說些沒有女人的『男人對話』。行程中的氣氛非常特別，也非常棒，我認為那幾個小時的時光，對我們父子之間的良好關係造成了影響。」

對家人來說，週末多半沒有什麼非做不可的事，大家都想休息。全家人可以一起計畫做一些在平日沒時間去做的事，不過做這些活動時，必須是不帶壓力的。每個人都想好好過週末，週末的時間屬於家庭，但也屬於個人。請在家庭會議中約定好，誰可以在什麼時候做自己的事，以及你們全家人要一起做些什麼。

「週末家人們會一起去踏青，在戶外削一些木棍，生起火來，把香腸串在木棍上烤，也可以把馬鈴薯丟進炭火裡烤。」

重要的是，你和家人一起度過了一天中大部分的時光，而不是像平日一樣各忙各的。

什麼可以當做週末儀式？

共同的家庭時間與家庭儀式是非常重要的。這麼做，可以使家庭更有凝聚力。家人碰面時可以好好聊聊自己的事，說什麼都可以，同樣的也可以一起討論要做些什麼。

週末也可以來點特別的活動。我的家會在週末輪流下廚，煮一道家人們喜歡的菜餚，通常也會再準備一份平日沒吃過的飯後甜點。就連早餐也會和平日不同，早餐會特別豐盛，有新鮮麵包、水煮蛋、水果沙拉、巧克力奶霜（我們平日不會吃這個）。週末時還會一起玩一些要多點人才能玩的遊戲，或者來趟很棒的郊遊。

「我們會擠在爸爸媽媽床上或一起看兒童節目，又或者一起做些類似的小事，這感覺真的很棒。」

「所有人在星期天都可以睡得比平常晚，孩子們也被允許，在這天擠在我們的床上抱抱。」

「週末終於有時間和孩子一起看看報紙了，雖然看的是兒童版……。」

「因為父母工作的關係，全家人只有星期天才能聚在一起，週末的夜晚全家會一起看電視、吃甜食，還有星期天晚上我們都會泡澡。」

假日要做什麼，應該在「家庭會議」上全家一起決定。因為孩子在學校已經過了緊湊又有壓力的一週，也許他們只想待在家裡，不打算做些特定的事。

如果這週有重要的活動要去做，例如：姑姑生日得去拜訪。那麼父母就得努力將「活動計畫」侷限在週末裡的某一天之內，以便還有另一天可以用來從事一起決定要去做的「美好活動」。

其他可以一起做的儀式

- 在父母房間打枕頭戰。
- 穿著睡衣吃早餐。
- 加長看電視的時間。
- 一起吃午餐。
- 可以由某人許願要做什麼，如：郊遊、運動、散步。
- 拜訪親戚朋友。
- 烤蛋糕。
- 玩遊戲等等。

相信你一定有許多好點子。

還有一些儀式是有規律性的，例如：休長假時到爺爺奶奶家住兩個星期，或者由家庭成員輪流想一個可以一起做的活動或郊遊地點，又或者在家庭會議上討論下次要去哪裡度假。重要的是，每個家庭成員都可以參與討論，並且享有他應得的權力。

訂定全家人的計畫

全家人一起想想各自喜歡做什麼？計畫共同進行的活動，如：郊遊、一起用餐、一起玩遊戲等。但也要規畫個人時間，如：當父母看報紙時，孩子則可以在這個時候畫畫。大家一起來訂定固定的時間表吧！

所有規律的例行公事都是你們個人的、不可放棄的家庭儀式。

對於分開生活的父母來說，週末是全然不同的，不過還是有儀式可循。通常孩子可以到平日沒有一起生活的另外一方家住，因此孩子會非常期待週末的到來，希望好好享受那短暫的時光，並且做些和平常不一樣的事。

「我們會在星期五一起去圖書館借影片，然後晚上一起邊看影片邊吃著自製的爆米花……。」

要怎麼用瓦斯爐和鍋子自製爆米花呢？

需要的材料有：

爆米花玉米　五十克

葵花子油　四匙
糖或鹽　三匙
可依個人口味加入如帕瑪森起司等。

做法：

在鍋裡加入油，開火加熱，油要非常熱。在熱油中加入爆米花玉米，灑上糖或鹽，攪拌均勻，蓋上鍋蓋。接著轉到最小火，當玉米粒開始爆開時，搖晃鍋子，等鍋裡的爆開聲平息後，將爆米花倒到大碗裡放涼散熱，就完成囉！

夫妻的相處時間

不管我們怎麼愛孩子，我們和另一半的關係也不能因此崩壞。請每日、每週或每月也安排幾個專屬於兩人的小儀式。例如：至少每個月安排一個星期六晚上找保姆來帶孩子，好讓夫妻倆可以獨處一段時間。你將會發現，這也是一種強化夫妻關係相當重要的儀式。當夫妻有了專屬兩人的美好的儀式之後，你將會看到正面的影響也擴散到你們和孩子之間。

Chapter 3

祝你用餐愉快

用餐時間對一個家庭來說，最適合用來實施全家性的儀式了，但前提是必須所有人都一起用餐才行。要找到固定的時間，且次數越多好，最好天天都施行。

請規畫充裕的用餐時間，好讓全家人在用餐時能好好聊天，談論計畫或彼此關心的事。這天過的如何？有什麼計畫？也可以說說自己的煩惱與害怕的事。不過請注意，不要談論沉重或讓人不舒服的話題，例如：學校成績。為了讓一起用餐成為一項美好的儀式，你可以訂立「餐桌上只能有美好的話題」的規則。

餐桌上的儀式

或許在你的家裡，每個人在餐桌上都有自己固定的位子與最喜愛的餐具。請營造出愉悅且輕鬆的用餐氛圍吧！你可以和孩子一起布置餐桌，或依年齡讓孩子自己準備餐具。儀式有助於潛移默化孩子的行為，所以父母要從一開始就成為孩子的餐桌禮儀榜樣，當然孩子還是需要規範的。

為了讓孩子開心用餐，可以在某幾天準備特定的菜餚，這將會很有趣也很有意義。以下是我們的協同作者的幾個餐點日：

「星期一是麵條日，貝拉必須負責製作醬汁。」

「星期二是煎餅日，我還會根據季節加上新鮮水果，當然對我來說，最好吃的是蘋果煎餅。」

「星期五我們會吃馬鈴薯佐菠菜及炸魚柳，我覺得這很棒，而且直至今日我偶爾都還會做。」

「星期天永遠都是最棒的日子，因為飯後甜點是冰淇淋。所以我從星期六就會開始感到興奮，而且願意清理餐桌的人還可以多吃一份，我常常都會獲得那一份。」

根據一份康乃爾大學的研究報告指出，與家人一起用餐的次數多寡會影響到家人的健康與體重。每天在家共進晚餐的人，有將近三分之一（不論成人或小孩）不會有體重過重的問題。這篇研究關注的不是食物的品質，而是共餐時運用家人所信賴的儀式，帶來的平靜與安全感所產生的影響。研究人員甚至進一步指出，在對抗肥胖等問題時，全家共餐儀式的重要性被大大低估了。
餐桌禮儀對你而言一定不陌生，許多家長都希望孩子在餐桌上有好的表現，要想達到這個目標，怎麼做才是最好的呢？

家庭餐桌禮儀

- 飯前洗手。
- 家人們都有固定的座位，用餐時，得坐到自己的位置。
- 嘴裡有東西時不要說話。
- 每個人在準備用餐和收拾餐桌時，各有固定的工作。
- 用餐前要禱告或說一句固定的開飯詞。

最重要的是，你得成為好的模範，因為孩子喜歡和爸爸媽媽做一樣的事。

幫助孩子用餐

為了避免孩子吃得亂七八糟，需注意給孩子食物的方式。當你給孩子麵類食物時，把麵剪小，孩子就能方便用湯匙吃。這麼訓練的話，當孩子四歲後，說不定就能完美的用湯匙或叉子吃麵了。如果湯有點濃度的話，孩子會比較容易吃，所以如果你覺得湯比較稀，可以加點馬鈴薯泥。

基本上，父母必須遵守固定的用餐時間，不要延後太久，如此一來孩子也會習慣定時用餐。注意不要在兩餐中間讓孩子吃太多零食，尤其是快要用餐之前。當然如果孩子真的很餓，可以給他一些健康的食物，如：水果、蔬菜或全麥餅乾等。

髒髒日

如果你認為自己已經做好榜樣，但孩子的餐桌禮儀依然還得再加強的話，那麼試試看下面這個辦法，和孩子約定好每月有一天是「髒髒日」。當天所有人都可以用他想要的方式吃東西，例如：用手抓食物、邊吃飯邊說話等，如果他喜歡的話也可以邊吃東西邊發出聲音。你也可以辦個「騎士日」，當天只能用手吃飯，而且說話的方式還要像騎士一樣。

除了這一天之外，其他日子用餐時就必須遵守餐桌禮儀。「髒髒日」或「騎士日」遲早都會變成多餘的，因為大家都知道，被允許的行為很快就會失去吸引力。

開飯詞與餐前禱告

「當全家人一起用餐或者當天有訪客時，我們會在用餐前說一句開飯詞，在說的同時，還會緊握雙手。」

孩子通常都會在幼兒園裡學到這類儀式，也許他也想在家裡說說開飯詞，最好是些有趣的開飯詞。

虔誠的家庭會在用餐前做餐前禱告，或許採用這項儀式的家庭不多了。不過我認為它是餐桌上最美的儀式之一。

你可以創造專屬你們的「家庭開飯詞」，也許孩子會從幼兒園帶回餐前禱告或開飯詞的習慣，那麼在家也可以照樣實行。先暫停一下再開始用餐，這麼做將會很棒。

無論是開飯詞還是餐前禱告，在用餐時能有一段開場白，肯定是一種很棒的儀式。

下方是開飯詞和餐前禱告的例子。

開飯詞

「來來來，我們相親相愛，來來來，祝大家用餐愉快。」

「來來來，小老鼠，從你的小屋裡出來，來來來，用餐愉快。」

「來來來，把我的盤子裝滿滿，滾滾滾，我的肚子圓滾滾。咕嚕咕嚕像頭熊，來來，用餐愉快。」

「好多小魚游到餐桌旁，伸出鰭不再蹦蹦跳，他們要吃飯了，用餐愉快！」

餐前禱告

「親愛的上帝，感謝祢賜給我們蜂蜜和麵包，感謝祢幫助我們的朋友，還賜給我們好吃的糖漬水果，阿門。」

「親愛的上帝，餐桌已經準備好，感謝祢賜給我們所有好吃的食物。」

「所有動物皆有其食，所有花兒皆享甘霖，祢也未忘記我們，親愛的上帝，我們感謝祢。」

下面還有一個很特別的開飯詞：

「我有一位女性友人，她家的廚房非常小，等全家人在餐桌坐定後，門就打不開了。當餐點準備好，所有人來到廚房坐下後，為了表示馬上就要開始用餐，不能再有人起身，會有個人喊：『停止動作——不准動！現在開始所有人都必須留在座位上』。」

健康的飲食

媽媽通常都是家中負責準備餐點的人。

如果孩子一開始沒有習慣吃營養均衡且健康食物，就會容易去索討泡麵、薯條等食物，甚至還要搭配番茄醬和香腸，而不願吃蔬菜或沙拉。

當然不能這樣！孩子不管在任何階段都需要均衡的飲食。

幫助孩子愛上健康食物的儀式和技巧

- 孩子最喜歡做和你一樣的事，因此請讓他也參與料理工作。
- 和孩子一起想想要煮什麼，你可以提出建議，最好有兩種不同的東西，他可以從中挑選，這樣會比較容易做決定。或者你可以提議煮某種蔬菜，最好是當季的蔬菜，然後問問孩子想要怎麼切或料理。

· 如果你不只一個孩子，可以讓他們輪流許願。

· 孩子年紀較大的話，可以在週末一起料理食物。

· 很多孩子喜歡將煮熟的蔬菜切成有趣的形狀，如：動物或房子等，再裝飾在盤子上，年齡小的孩子會更加熱衷。接著再淋上一些美味的醬汁（如香草奶醬），沒有人會對食物有異議的。

按照孩子的年齡，和他一起去參加合適的烹飪課。孩子將會發現，自己做或在大人的協助之下做出好吃的料理，是多麼有趣的事。通常在各地的社區大學或家庭進修機構都會有這類課程。

早餐

早餐是一天的活力來源，孩子必須在早上吃點東西。再次提醒，你永遠都要當孩子的榜樣。

在此我們提供幾個很棒的早餐儀式，請看看你喜歡哪種，也可以按照家庭所需來調整儀式的內容。

早餐儀式範例

「早餐在我們家是最重要的一餐，因為早餐可以讓人獲得充足的活力，讓一天有個美好的開始，所以我們都會預留充裕的時間共進早餐。在餐桌上有全麥麵包、麥片、優格和切好的新鮮水果，每個人都可以隨心所欲的享用。」

「週日的早餐桌上，我們會看報紙，女兒會幫我們分配報紙，以此來決定誰先看哪部分。」

「我們家會悠閒的吃早餐，在孩子仍靜靜用餐的時候，我便開始塗抹要帶去學校的麵包，每個人都可以自己決定麵包裡要放什麼，以及要帶什麼到學校。」

「我女兒有一陣子用餐狀況不太好，早上帶去的麵包總是帶回來。於是我把麵包切成漂亮的形狀，如：車子或帆船，或用造型模具切成餅乾狀，這麼做並不麻煩，但孩子卻吃得非常開心，我相信孩子們看到一定都睜大了眼睛。正如我所希望的，麵包再也沒有被帶回家了。」

午餐

午餐時每個人都有固定的任務，孩子們要負責把飲料放上餐桌，用完餐後再把餐桌收拾乾淨。

如果你的孩子會在幼兒園或學校吃午餐，那麼你可以安插一個「點心時間」，可以和孩子一起喝點果汁、吃點水果。

在午餐桌上或吃點心時，可以和孩子聊聊天，或討論今天的計畫。

點心時間

「在冬天，我們都習慣來個下午茶。當你從外面回來覺得很冷時，午茶時刻會讓人感到溫暖，我們會用熱飲、餅乾或蛋糕來讓自己暖和起來。或者在功課做完後安排個小小的午茶時間，同時還能拿出喜歡的紙牌或桌遊一起玩。」

請你也試試來個小小的下午茶吧，你可以藉此好好的放鬆一下，談談今天到目前為止發生的事，或者為孩子做家庭作業的時間設下一個固定的結束時間點，並藉此為作業打個分數，如果你的孩子年紀較大，他或許也可以和朋友一起度過這段休息時間。

晚餐

即便每個人吃的東西都不一樣，也請盡可能一起吃晚餐。因為一起用餐的時間是每日互相交流生活的重要時刻。或許中午時爸爸還在上班，但是晚餐時間，大家可以一起吃飯，並且互相聊聊一整天發生的事。

「全家人的餐點是由身為母親的我來決定的，但晚餐除外。晚餐時，大家可以自己決定想吃什麼，可能有人想吃奶油麵包加上荷包蛋，但另一個人則是午餐的剩飯剩菜，又或者有人只要吃點沙拉就夠了。」

也許有些儀式能和晚餐連結在一起。

「吃過晚餐後，我們會一起玩遊戲，每天輪流由不同的人決定要玩什麼。」

特別餐與節慶餐

星期天的早午餐也算得上特別餐。和孩子一起做一頓美味的早午餐，把餐桌裝飾得特別漂亮，去麵包店買回新鮮麵包或一起烤麵包，也可以從櫥櫃裡拿出平日不會用的特別抹醬。或者有人得一定要吃水煮蛋、荷包蛋或炒蛋，請好好的享受你的週日早午餐吧！

你也可以在平日選一天當成「特別日」，例如：「甜蜜星期五」。

「甜蜜星期五這個儀式起源於我的父親家。奶奶會在平日選一天以甜的餐食做為全家人的主食，父親和兩個姑姑都很期待。這個特別餐是在平日舉行的，是我父親家中一個固定的活動。父親將這個儀式帶入了他的婚姻，我母親當時學會了許多新的甜餐食，並將教給了我和哥哥。在我家裡，吃甜餐食的那天固定在星期五，因此每個星期五我和哥哥放學後都會飛奔回家，一起等爸爸回來，接著上場的就是我們引頸期盼了一整個星期的甜餐食了。煎餅、可麗餅、果餡糕、櫻桃布丁麵包、皇家煎餅、牛奶米布丁……還有很多其他的美食。在我的印象中，星期五餐桌上的氣氛總是很美好，全家人都很期待週末來臨，大家邊津津有味的吃著晚餐，邊聊聊週末的計畫。我覺得這個儀式很寶貴，所以保留至今。這個儀式不只讓我的心靈受到撫慰，現在就連我的女朋友也非常享受。我希望這甜蜜誘惑夠大，讓我能將此儀式繼續傳給後代。」

其他並非每週都會發生的特別狀況，當然也就需要相應的特殊儀式。

「特別的時刻當然就要吃些特別的食物，從小我家都會在平安夜吃烤拉可雷特起司[1]，聖誕節的第一和第二天會吃鵝；復活節星期一時，我們會吃一頓豐盛的早午餐；學期末的最後一天則去比薩店；生日時會煮壽星最喜歡吃的東西。」

這類儀式的優點在於，家庭裡的每個成員都知道這項傳統，而且也清楚了解將會做些什麼活動。

即便沒有很多時間或金錢，仍舊可以在每個特別時刻來一頓小小的特別餐，請記住以下的小規則：通常只需要三個簡單的元素，就能讓平日變得有些許不同。一起吃頓飯、一點兒光線（例如：在桌上點根蠟燭），以及一束花（當然也可以鋪張桌巾或加上其他你喜歡的東西，如：自製的座位卡等。）

1 按個人喜好選擇食材再淋上烤起司的餐點，很適合多人聚餐時享用。

孩子沒食慾時該怎麼辦？

我們每個人都知道沒胃口的感覺，常常是因為疾病或壓力引起的。對成人來說，偶爾少吃一點並不算什麼，因為當我們察覺自己必須吃點東西時，我們會自己想辦法。但是如果孩子有段時間幾乎什麼都拒絕吃的話，父母必定很擔憂。因為若孩子進食不足，身體容易出現問題。但是，要讓一個沒胃口的孩子願意好好吃東西，該怎麼做呢？

首先必須找出孩子沒胃口的原因。是因為生病而吃不下，還是在這個問題背後，隱藏著某些需要被認真看待的生理或心理問題。如果你無法確定，或吃不下東西的狀況已持續有一段時間，請務必要就醫。

你還記得你的父母在這種情況下會怎麼做嗎？

「我記得當我生病沒胃口時，我的父母會用盡各種辦法讓我多少能吃下一點東西。當我生病時，能吃得下的食物，只有罐頭水果或加了香腸的馬鈴薯湯。」

即便是在孩子什麼也不想吃的時候，也請多嘗試看看他可能會吃得下什麼。例如：我女兒就很喜歡在原味優格裡加些果醬。當其他東西她都不想吃的時候，這是她唯一能吃下的食物。

究竟該怎麼做，才能讓你的孩子即便胃口不佳但仍願意進食呢？這需要你親自去嘗試。同時，孩子也必須攝取充分的水分，這麼一來即使孩子偶爾一兩天像麻雀一樣只吃一點點，也不用太擔心。

沒胃口的好幫手

有位媽媽跟我們分享，當她的孩子沒胃口時，她會和孩子一起準備各式各樣「彩色食物」。例如：彩色煎餅、彩色餅乾、彩色優格以及彩色氣泡水，她會選擇孩子喜歡的顏色，在煎餅麵糊、餅乾麵糊和檸檬氣泡水裡加入食用色素。

另一位媽媽則說，她會在孩子的餐盤上用土司和各種蔬菜排出有趣的圖案，至少孩子會願意吃下鼻子或輪胎。

甜食

「奶奶有個舊餅乾罐，就放在櫃子的上方，裡頭裝著甜食。她每天會從角落拿出個小凳子，爬上凳子把餅乾罐拿下來，接著我就可以從罐子裡拿到一塊甜食，有的時候可以拿兩個。奶奶自己則會拿一塊黑巧克力出來，接著我們兩人一起坐在沙發上，享用甜食。奶奶會開始說故事，說那個還沒有那麼多甜食的年代。」

在今天這個豐衣足食的時代，家長們並不是那麼容易就能將惜福愛物的觀點傳達給孩子，不過或許能用甜食來讓孩子感受這點。如果在你的家裡，甜食不是常常能獲得且只有在特別的時刻才能享用時，就會顯得珍貴，而且還不會馬上被吃掉。在超市買袋小熊軟糖，和孩子一起散步到某間老雜貨店，讓他挑選軟糖或甘草糖，這一切都會變成一段特別的體驗。

給甜食的原則

- 餐前絕不給甜食或飲料。
- 絕不在肚子餓時給甜食。
- 絕不在口渴時給飲料。
- 甜食不放在看得見以及小小孩拿得到的地方。
- 不以甜食當成固定的獎賞，否則會養成習慣。
- 甜食最好在餐後給，若可以的話，最好在正餐與水果之後才能獲得，因為此時他真正的飢餓感已經被滿足了。孩子可以在午餐過後像家裡其他人一樣，從甜食籃拿個東西來吃（只能拿一些，而非一整袋）。如此一來，每個人都享有相同的權力。

．請讓孩子自己決定要吃些什麼以及怎麼吃。也許在某一天他會不想吃，好在下一次可以吃多一點。

．如果只在星期天早餐時吃巧克力奶霜，你覺得如何呢？

．甜食不應該被當成安慰物。

．甜食應該是特別之物，而且一直都是。

．請拜託你的親朋好友，無論對方是親戚、朋友或熟人，都不要攜帶甜食來訪。如果他們還是帶了，那麼這些甜食應該放到甜食罐裡去，等到隔天吃過午餐後才能吃。

．逛街時能吃一球冰淇淋，而且每次都要換新的口味。

．長時間坐車，如要去度假時，可以帶一小袋零食，這能讓漫長的車程甜蜜一點。

．你可以每個月在家舉辦一次「午後電影院」，把房間弄得暗暗的，還有爆米花或洋芋片、汽水，就像在真的電影院裡一樣。

請和孩子一起找一些較健康，不要加太多糖，且可取代市售甜食的食物。例如：米餅、小麥餅乾棒、全穀物餅乾、麵包片、水果、果乾、自製優格、礦泉水、無糖果汁或水果茶等。

「我記得以前去奶奶家時都有『睡前零嘴』可吃。晚上回房時，我們會在枕頭上發現一小塊巧克力。要離開時，還能得到一大片。為此奶奶在她房間的櫃子裡藏了一大堆巧克力，我們可以去那裡找自己喜歡的口味。而外公家的廚房裡則有一個裝著各種零食的罐子，我們這些孫子可以隨心所欲享用。不過只有特別的時候才有這些特殊待遇，平常我的父母非常注意不讓我們吃太多甜食，只有在特定的節日，如：復活節、聖誕節、聖尼古拉節、生日等，可以有多一點甜食吃，除此之外，我們是很少吃甜食的。」

Chapter 4

玩水時間到了

讓孩子愛上洗澡並不需要什麼魔法，只要利用一些規則和儀式，就能夠讓洗澡變得有趣。如果仔細想想自己清潔身體的方式，你會發現每個人都有專屬的小儀式。和其他儀式一樣，你可以在孩子還很小的時候就將泡澡、淋浴、洗手或刷牙等行為與相應的音樂或時間連結在一起，使之在孩子心中成為一種根深蒂固的儀式。

洗手

就洗手這件事而言，小孩常會因為健忘、不專心或懶惰而敷衍帶過。孩子必須從一開始就知道，每天早上、睡前、吃東西前、上完廁所後、遊戲後、從幼兒園或學校回來後、購物後，以及在他人的幫助之下煮東西前，雙手都必須用肥皂洗過，而且至少要持續三十秒鐘。

孩子也必須了解，為何這些時刻得要洗手。你可以簡單的解釋給他聽，告訴他手摸過很多東西，這些東西並不乾淨。如果用髒兮兮手的再去拿餅乾或玩具，有可能讓他生病。

為了讓孩子及早看到並感受到就連爸爸媽媽也會洗手，可以透過「手沙拉」來讓洗手變得有趣。在用餐前由一位家人大喊：手沙拉，接著所有人就必須趕快到浴室去，然後一起把手放到水中沖洗，再互相幫對方抹肥皂。你將發現這個方法很有效，如果這個儀式能在孩子圈中流傳開來，那將會很棒！

下面是兩首洗手時你可以運用的唸謠。

洗手謠

洗手

每個小孩都要洗手，洗手。
手一下就洗好了，洗手。
洗到手乾乾淨淨為止，洗手。

ㄗ，ㄤ，髒

ㄗ啊，ㄤ啊，髒，我們現在洗掉它，

ㄗ啊，ㄤ啊，髒，我們現在洗掉它，

現在所有髒髒都洗掉了啊！

下面的方法，雖然只是一個小小的技巧，但卻可以創造奇蹟喔！

專屬擦手巾

在洗手台附近依照孩子身高安裝一個掛勾，給孩子一條專屬他的擦手巾，你將會訝異於，孩子會多麼心甘情願的在該洗手時帶著他的擦手巾去找你。

這是運用小東西支援儀式的例子，我們可以運用簡單的物品或類似遊戲的方式，讓事情變得容易執行。

洗臉沐浴

每天早晚洗兩次臉，最好用溫水和毛巾擦洗。如果孩子臉很髒，當然也可以用些洗臉皂。有些人會把幫孩子洗臉稱為小貓洗臉，為了讓這已經變成儀式的梳洗更加有趣，可以用動物形狀的毛巾來洗臉，那麼小貓洗臉就不能叫小貓洗臉，要改成獅子洗臉啦！

洗澡時間不需要太長。將洗澡儀式與音樂結合也是不錯的方式。有些家庭會在星期六晚間，孩子洗過澡後上床睡覺前，讓孩子穿著浴袍坐在電視機前面看個小節目放鬆一下。

如果家中有浴缸，當孩子泡澡時，可以幫孩子用泡泡做個有趣的髮型，這也是個很棒的洗澡儀式，接著立刻把泡沫洗掉，雖然泡泡流進眼睛會痛，但小孩也會覺得有趣喔！

「我們的儀式是，洗頭可以獲得一張足球貼紙當獎勵。」

一條預先烘得暖暖的浴巾，也會是沐浴後很棒的結束儀式。也許你有一條很漂亮的連帽浴巾，可以用它把孩子好好的包裹起來，然後擦乾，或配上有趣的音效（例如發出「擦」的音）。孩子通常對這些都會感到非常興奮，也許你接下來還會用吹風機幫他們吹頭髮，他們不只喜歡吹頭髮，還喜歡你不時吹一下他們的肚子或臉。

抹乳液

「一點，一點，逗號，加個大圓圈，大圓臉畫好囉！」

你還記得某些畫圖的口訣嗎？幫孩子抹乳液時加入這個，會是個很棒的儀式，你也可以邊塗乳液邊幫孩子放鬆按摩，或者只把乳液以點狀塗在孩子身上，讓他自己去抹開。比較不冷的時候，甚至可以在孩子身上畫一整幅圖畫，也許你會想用相機記錄這一切，你和孩子彼此都能從中獲得許多樂趣與美好的回憶。

刷牙

每天至少兩次，早上吃完早餐後以及晚上睡覺前。每天如果可以刷到三次或者每次用餐完都能刷牙的話，是再好不過的了。

讓孩子觀察你刷牙的樣子，這樣的學習成效與重複效果是最好的，他很快就會想模仿你。但讓孩子自己刷完牙後，還是要徹底幫他再刷一次，這樣才能真正將牙齒刷乾淨。請一邊刷牙一邊唱刷牙歌或玩刷牙遊戲吧！

或者你也可以自編一個關於毛巾小姐和牙刷先生以及他們孩子的有趣故事。

「我女兒自己刷牙時，我會和她玩『卡里烏斯和巴克土斯[1]』的遊戲，我會邊笑邊假裝自己是這兩個角色。我會說自己躲在右側臼齒後面，因為女兒總是會忘了刷那裡。這個遊戲總是能讓她更想刷牙且刷得更乾淨。如果牙齒刷得夠乾淨了，卡里烏斯和巴克土斯就會隨著牙膏泡泡一起被吐出來。」

清潔身體這件事不需做過頭，就像老一輩人說的，清潔過度也是會生病的。

1 挪威童書《卡里烏斯和巴克土斯》（*Karius and Bactus*），書中的兩個主角卡里烏斯和巴克土斯住在一個小男孩嘴裡，只要小男孩沒好好刷牙，他們就會出來搗蛋。

Chapter 5

兒童房的秩序

每個孩子都夢想著，有屬於自己的房間、王國或藏身的地方，在這裡可以不受干擾的玩樂。而這樣的地方正提供了孩子機會去發展儀式和規矩，這是很有助益也很有教育意義的。

孩子可以自己規定敲門的方式、如何收拾整理、音樂放多大，甚至是房間顏色。這個王國的國王，可以在裡頭發展他自己的儀式，而且也被允許這麼做，請和你的孩子談一談這些事吧！

孩子的房間

你從過往的經驗可以得知，每個孩子都需要一個屬於自己的空間。在那裡他有空間可以玩，可以收納他的玩具，可以寫功課和睡覺。即使空間很小，但它就是孩子的王國。

不過，孩子的房間往往很快就會變得一團亂，有些父母甚至形容那是戰場或垃圾堆。所以請和孩子一起制定一套例行程序，讓秩序可以建立。

重要的是，讓孩子有機會去收納與分類他的玩具、遊戲、書籍、玩偶、積木、車子等等物品。

設備

既然所有屬於孩子的東西，全都在這個房間裡了，當然不能少了一塊適合在上面玩的地墊，以及可以收納玩具的收納架。音樂鐘、小夜燈、玩偶和書能夠放在架上，你可以在其中一個架子上放置收納小東西的盒子。只有層架是不夠的，還要有許多抽屜、箱子和袋子，讓所有東西都有自己的位置。

請注意，相較於成人的收納盒，孩子的收納盒應該要比預計裝入的物品大上兩倍。換句話說，當盒子裝到半滿時，就表示它已經滿了！這麼一來，才會方便孩子找東西。

收納盒

每個盒子分類收納一種玩具，收納盒可以採用塑膠或木製的。請在盒子上面貼上收納物的圖片，好讓盒子裡裝的東西一目了然。最好和孩子一起製作這些圖片，這麼一來，孩子不但可以在你的幫助下完成圖片，還能帶入自己的點子和願望，這將會很有趣，孩子立刻就會投入其中，當他在收拾整理時也會獲得更多樂趣。

對兒童房有幫助的元素

舒適的閱讀角落

請將書架放置在床邊或舒服的沙發附近，如此一來孩子就會自然的讓「閱讀」和「舒適」產生連結。請像書店一樣，以正面展示書籍，讓它們能一目了然並促使孩子想去翻看，這裡也是放置架子與安撫玩偶的最佳場所。

音樂角落

錄音機、音響以及相關的錄音帶、音樂光碟等，同樣適合放在一起。如果孩子正在學某種樂器，最好在家中為他特別安排一個練習的地方，不在一堆玩具當中練習橫笛，他能更專心。

娃娃全都睡在床上

三歲以下的孩子就已經很喜歡分類了，請利用這點並向孩子建議：「娃娃全都睡在嬰兒床上」、「車子停在窗台上」等。如果孩子能自己決定物品的位置，往後他會更容易遵守這些規則。

房間的常規與遊戲規則

永遠都要記得一則在幼兒園內理所當然的規定：一次只能玩一種玩具。如此一來，孩子自然而然就擁有更多時間去玩他真正在玩的玩具，而不是花時間去整理那些丟得到處都是的玩具。

使用幼兒園裡那些必須遵守的規定

．夾克和鞋子要放在外面，書包和提袋要拿進房間。
．每個人離開浴室和廁所時都要恢復原狀。
．髒衣物每天都要丟進洗衣籃裡。

整理收拾

在整理收拾這件事情上，請不要期待孩子會帶來奇蹟，也永遠不要把整理當成處罰。沒有孩子能夠獨自收拾整理乾淨，因此請伸出援手，但別幫他把所有事情做完，即便他不滿意的發牢騷或拖拖拉拉的收拾亦然。

這樣協助孩子收拾

幫孩子準備一個適合他身高的掃把或畚箕，讓他在整理時一起幫忙，他一定會很樂意。這麼做不但能讓他在開心又有趣的情況下學會打掃，日後他自己也會樂於打掃。

對於來家裡作客的孩子，也請讓他們一同加入整理的行列。活動一開始就要先預告，最後所有人都要一起收拾，結束前十五分鐘再提醒一次。

收拾整理小口訣

三、二、一，停止遊戲

「三、二、一，停止遊戲，大小朋友一起來整理，十五分鐘收整齊！」
「三、二、一，停止遊戲，大小朋友一起來整理，十分鐘內收整齊！」
「三、二、一，停止遊戲，大小朋友一起來整理，五分鐘內收整齊！」
「三、二、一，停止遊戲，大小朋友一起來整理，現在立刻收整齊！」

沒聽過這口訣的人遲早會在幼兒園裡聽到，對孩子來說，在幼兒園裡有效，在家中同樣會有效，但這也需要父母協助規律練習，直到順利成功為止。

或許你可以和孩子一起創作一首「收拾之歌」，然後每次收拾整理時就一起唱這首歌，當然也可以運用我們提供給你的一些小點子。

「我們家在晚飯前孩子得收拾玩具。我會提前十分鐘宣布，然後設定好煮蛋用的計時器，計時器一響，所有人就要一起收拾整理。然後再將計時器設定十分鐘，整理的時間不能超過十分鐘，同時我也會一邊留意這段時間內的整理情形。」

「晚上我們會舉辦整理比賽。我女兒必須整理她的房間，而我則把碗盤放入或拿出洗碗機，以及做完其他家事，贏的人可以選晚上要講的睡前故事。」

把收拾整理當成一場慶典，也會是個很棒的儀式。你知道「大家來找碴」這個有趣的遊戲嗎？

大家來找碴

和孩子一起收拾整理時故意製造一些錯誤，例如：把玩具車放在積木箱子裡，看看孩子會有什麼反應。通常孩子會告訴你正確答案，而這會讓孩子與父母共同獲得許多樂趣，同時也是一種有趣的整理儀式。

或者你是否曾舉辦過展覽呢？

展覽

如果孩子動手做出了某個很棒的作品，每天晚上卻必須將它們毀壞並收拾整理起來，那就太可惜了。請幫這些作品如「芭比衛生紙捲筒城堡」或「樂高幽浮的進擊」弄個展示空間，擺放在某個空層架或衣櫃上方等。

每項物品都有專屬位置，不然就做個儲藏空間

只有在每項物品都放在應該放置的位置時，收拾整理工作才能真正做好。因此請你定期和孩子一起整理孩子的房間。

整理孩子房間時，什麼應該留在房間？什麼應該暫時放到地下室去？什麼應該送人或賣掉？什麼該丟掉？不管任何事都應該和孩子一起決定。

請立刻丟掉壞掉的繪本、撕毀的雜誌、乾掉的彩色筆與斷掉的鉛筆，讓孩子的囤積病沒機會發作。

請在整理與除舊時和孩子一同實踐「極簡法則」（這意味著東西要盡可能的簡單）。如果購入了某樣新品，就必須丟棄某樣舊物。每當「寶寶玩具」在收拾清理時被清出兒童

房間，取而代之的是「給大孩子」的東西時，孩子通常都會感到很驕傲。和孩子一起在兒童房裡找個放置新品的好地方，如此一來他們便能學會要自己負責去維持秩序，而你就能一勞永逸的控制住兒童房的混亂了。

實用的廢物箱

告訴孩子廢物箱在整理東西時的意義。已經沒有玩樂價值的玩具，如：健達奇趣蛋裡的公仔、早餐麥片的盒子等，這類東西就應該放入廢物箱。等你三個月後把箱子拿給孩子看時，他將會興奮的玩起某些已被遺忘的東西，然後再將其他東西放入。

獨自睡覺

即便是已能自己睡覺的孩子，某些時候還是會特別需要父母陪在身邊。為什麼會這樣呢？請試著找出原因，才能提供正確的方法幫孩子克服。孩子會這樣的原因可能有：害怕待在黑暗中、常做惡夢、父母離異、親人或寵物往生、即將搬家或剛搬完家，或者有其他對孩子而言，情緒上很難面對的狀況等。這個時候特別需要父母陪伴，此狀況多半會持續一段時間，可能很短也可能拉長，請小心謹慎的幫助孩子不再恐懼和擔憂。

容許例外

請准許孩子在例外的狀況下，和你們一起睡。但此例外狀況事先必須說好，例如：生病。尤其當孩子發高燒的時候，會需要安全感或安慰，當他沉沉睡去後，建議你將孩子抱回他的床上，並將其建立成一種儀式。因為這種特殊情況可能會重複出現，而你的反應必須是一致的。

如果你的孩子，沒有明顯原因，不願在自己房裡睡，那麼你就不應容許例外。堅持從某個特定的時間點開始，就是你夜間的私人時間，這並不會造成任何傷害。

不管你在何種情況下有何反應，那都應該是一再重複的儀式，而且你的孩子知道也學會了這種儀式，他必須理解你不會妥協，而且哭鬧糾纏是達不到目的的。

重要的是，你的孩子知道並學到了，即便他自己待在房裡，你也會永遠為了他而出現。不論發生什麼事，不管他是哭了、大吼大叫或做了惡夢等，你都會在他的床邊安慰他，幫他快速的平靜下來，但你並不會帶他到你的床上。

但是，你的反應取決於你的感覺，如果你的孩子還很小、病得很重或正處於例外狀況時，你絕對應該以例外來處理。同時，告訴孩子這是例外的狀況，而且不能成為常態。

剛開始時孩子可能會在半夜跑去找你，請堅定立場每次都帶他回到他的床上，接著你得待在他身旁，直到他冷靜下來並睡著為止。請堅持下去，即便這個學習過程會讓你睡不安穩甚或失眠，重要的是讓孩子看到並感覺你永遠都在他身邊。

如何讓孩子喜歡睡在自己房裡

如何讓孩子愛上自己的房間，特別是自己的床，並因此很快就習慣，有一些小技巧。最重要的是，在兒童床四周，營造出舒適的氣氛。

- 藉著色彩繽紛的牆面、裝飾、圖畫與家具來營造舒適的氛圍。
- 幫孩子準備一張全新的「大床」，因為這也代表著一種大變化。孩子過去的床，可能只是一張小小的、被圍住的，甚至還有著安全欄杆的床。為了讓孩子適應新的床，一開始時，可以在床上設置某種邊界，例如：可以用孩子喜歡的毯子圍出個範圍，或在床上方掛一頂天蓬，仿造出一個洞穴，或者在床上方加裝一片星空。
- 請准許孩子帶安撫玩偶一起上床，它會弱化你不在床上或房間裡的這件事。
- 為兒童房準備各種光源。
- 白天孩子需要許多光線，但晚上上床睡覺時，燈光必須能夠調暗，好讓孩子安睡。

晚上兒童房裡不應該全黑，當孩子晚上醒過來時，要能夠稍微看得到，所以請準備個小夜燈吧！

・讓你的房門和孩子的房門保持半開，這樣你才能隨時聽到孩子的喊叫或哭聲。

敲門

生活中會遇到許多進門前需先敲門的情況，我們成人對這點非常清楚，但我們是從何得知的呢？也許是過去父母教我們的，而我們將之深深的內化了。

敲門是一種禮貌，你一定會希望孩子有禮貌並學會遵守這項規矩。這也是可以及早訓練的，只有當孩子在家中學會，日後他才會在他處實際去運用。

等孩子稍大一點，請和他一起想想，家中哪些地方需要敲門。我家的方式是，所有門被鎖上的地方都必須敲門，如果我女兒的房門鎖了起來，那麼就像她不能直接進入我們上鎖的房間一樣，我也不能直接進入她房間。

叩，叩，請進！

在適當的時候以遊戲的方式教孩子敲門。對年紀小的孩子來說，在遊戲中學習新知並且反覆使用是非常有趣的。兩人各站在一扇門的兩邊，當門關起來的時候，其中一人敲敲門，然後等待，直到另外一人說出「請進」或其他話為止。如果門本來就是開著，那麼就可以不敲門直接進入！

站在門另一邊的你不要直接說「請進」，而是說「請等一下」或什麼也不說，那麼孩子就能學到，在某些情況下必須要等待。

和兄弟姐妹共用房間

當孩子們需共用同個房間時，可能會出現一些問題。現實狀況中，不是每個孩子都能擁有專屬於自己的房間，或者有些父母根本就沒有這樣的打算，因為他們認為和兄弟姐妹共用房間，有很多正面的影響。

當孩子還小的時候，和兄弟姐妹共用一個房間，通常不會有什麼問題。但是隨著年齡增長，他們開始有了自己的興趣，會希望能和兄弟姐妹隔開來。除此之外，「我的」和「你的」以及私人領域等問題會變得越來越重要。

就這件事來看，公平對待尤其重要。在儀式上請永遠記得公平的去對待孩子。例如：在說睡前故事時，輪流到孩子的床上說，或者刻意離開兒童房到客廳裡說。

其他有關兄弟姐妹的儀式，請參考章節「手足之間」。

當孩子共用房間時

- 請將房間清楚劃分出多個區域，可以利用半開放式層架或屏風來隔間，或是掛一塊簾子、在地上貼一條線來區隔。如此一來，孩子就能清楚知道哪裡是屬於自己的區塊。你也可以發揮創造力，將房內孩子專屬的區塊漆上他喜歡的顏色。
- 清楚訂定朋友來訪的規則。孩子們可以輪流邀請朋友來家裡，也可以不受打擾的在房間和朋友一起玩。你也可以犧牲客廳的一個小角落做為遊戲區，那麼就不會有任何一個孩子感到不公平了，或者讓沒邀請朋友來玩的另一個孩子，在當天讓他去自己的朋友家玩也行。
- 請精心設計收納空間。個性不同的孩子得在同一個空間裡相處的話，那麼將各人的東西清楚分開就很重要。例如：你可以給其中一個孩子綠色的收納盒，另一個則給紅色的收納盒。

Chapter 6

一步步探索世界

隨著孩子的成長，你將發現透過固定的規定與儀式，生活將會變得輕鬆許多。不過此時，你也必須反覆檢視儀式是否依然適當。

你不會想在晚上七點要一個十二歲的孩子上床睡覺吧？我承認這個例子有點誇張，不過卻是一個能讓你迅速明白，儀式也是必須被檢驗與調整的例子。有些儀式可以隨著成長而「沉睡」，有些則可能會伴隨孩子一生。

各個成長階段

孩子成長得很快，當父母的無法全盤了解，他們正經歷的各種大大小小的發展階段，是很正常的。

為了抓住這些成長變化，你要去創造不同的儀式，一方面對身為父母的你來說，這會是種美好的回憶，另一方面對你的孩子而言，長大後回頭去看，會覺得很有趣。例如：什麼時候會走路？幾歲的時候長多高？或曾經用過哪些有趣的詞彙（如球球）去形容特定的物或人。

幫孩子的成長做記錄

出生後立刻幫孩子製作足印和手印。在孩子的手腳塗上安全顏料，接著再蓋印在紙上，你可以在孩子滿週歲前每個月都做一次，之後每年生日做一次。或者用石膏來做手足印也是不錯的選擇。

在孩子出生時，買一本成長記錄手冊，將孩子不同的發展時期記錄在裡頭。從孩子什麼時候開始可以抬頭？什麼時候會坐、會站？什麼時候開始說話？說了什麼？什麼時候開始長牙齒？在出生的第一年有太多的第一次，請盡可能的全部記錄下來。將來當你的孩子為人父母後，他可能會問到這些。這種記錄手冊有各式各樣的形式與規格，如果你有興趣的話，也可以製作一本專屬你孩子的記錄手冊。

為了把孩子的身高發展記錄下來，你可以每年在固定的時間讓孩子躺在一張壁紙上，把孩子的輪廓描繪下來，如果他喜歡的話，還可以讓他著色，你可以看到每年孩子長大了多少。

你也可以在門框或櫃子內側記錄下孩子的身高。每隔一段固定的時間，讓孩子站到牆壁前測量身高。重要的是：你得加上日期，這麼一來，才能確認孩子在期間長高了多少。

當然，你也可以用照相或錄影來留下記錄。例如：孩子第一次騎車、第一場足球賽、第一次騎馬、和最要好的朋友合影、爬樹、第一天上學，以來幼兒園的戲劇表演等等。

面對分離恐懼的處理方式

孩子出生後的第一個月幾乎都只在你身邊。你是「一直都在的人」，這對孩子來說，代表著安全感。因此當你在孩子身邊的時候，他能夠完全放鬆的將心力花在自己的需求和成長上。

然而，總有一天孩子必須在你不在時，接納其他人。其實這不是什麼壞事，因為你一定不會把孩子託付給你完全不熟悉之人，反之會是一個你了解或跟孩子有相處經驗、相關資歷的人。

有的孩子對偶爾被其他人照顧不會太在意，但也有極端相反的例子。他們除了父母以外誰都不接受，一旦父母企圖離開，就會有一場可怕的鬧劇上演。孩子會哭鬧、尖叫，並且緊抓著父母不放。

這種狀況並不好，當你面對這情境，卻仍得脫身時，身為父母的你一定很不好受。在這種情況下該怎麼做呢？儀式可以把事情變得簡單很多。

訓練孩子道別，並且讓孩子儘早習慣偶爾由他人照顧。

當你要讓孩子單獨和他人相處時，請針對此情況想一個專屬你們的道別儀式。

每個孩子適合的方式不同，去嘗試對你的孩子來說，最好的方法。當你找到方法後，就要繼續維持下去。

道別儀式範例

拿一個孩子的安撫玩偶，讓孩子坐在身旁。向玩偶說明，在你離開的這段時間，它必須好好照顧孩子，如果孩子傷心難過，它必須安慰他。
在孩子心愛的玩偶上噴一點你的香水，當他傷心時可以聞一聞你的味道。
事先和孩子一起想一想，保母應該先和他玩什麼？這會讓事情變得簡單很多。
道別時塞一個漂亮的石頭之類的東西到孩子手中，請孩子好好照顧它並且不能弄丟，直到你回來為止。
笑容是健康的！在道別前玩一場搔癢比賽吧！

如果你是請人來家裡照顧孩子，那麼你可以提前讓對方到家裡來，並讓孩子熟悉對方。這段時間你可以去做準備，離開前再好好和孩子道別一次。

不過請注意，萬一孩子哭了，不想讓你走，你最好還是離開，非必要不要拉長道別的時間，因為那樣對雙方來說只會讓情況更難處理。請相信大部分的孩子哭個幾分鐘後，就會再度冷靜下來！

當父母不在家時

如果你的孩子夠大了，有可能當他放學回來時你還沒到家，你可能仍在工作或者正在路上。為了讓身為父母的你以及孩子能夠安心，你也可以在這種情況下使用個儀式。

要孩子到家後打個電話給你，或者發個簡訊。如果你在工作沒辦法使用手機，就讓他知會一下奶奶、阿姨或某個成年人。

你也可以在餐桌上留一張問候字條，寫一些親切的話，有時也可以放顆糖果在上面。和孩子約定好，如果他還要出門，無論如何都要留張字條給你，說明他的去處以及何時回家。

「因為我的父母都要工作，所以我們發展出了一套很棒的『字條文化』，如此一來我們都能知道對方去了哪裡。」

從尿布到小馬桶

孩子總有一天都需要戒尿布。相較於過去，現在的孩子需要較長的時間才能戒尿布成功，這可能和如今的尿布鎖住液體的效果較好有關，因為濕濕的尿布不會再讓孩子覺得那麼不舒服。雖然戒尿布這件事可以順其自然就好，但還是能藉由儀式來給予協助。

孩子上廁所時要有耐心，通常小小孩需要較長的時間才上得出來。此外，精選幾本小書放在小馬桶旁，讓孩子在「嗯嗯」時可以翻閱，這會很有幫助。

或許你也可以編個口訣：「在家上廁所，便便出來了」，或和孩子一起編幾首有趣的兒歌。發揮創意，你一定也可以想到某些方式，讓你的孩子（也包括你自己）輕鬆度過蹲馬桶的時間。

戒尿布的儀式

・帶孩子一起上廁所。或許某天，孩子會對你在馬桶上做什麼很感興趣。在浴缸裡幫他放一個小馬桶，當你上廁所的時候，讓他坐在一旁的小馬桶上，剛開始孩子的尿布可能還穿在身上，幾次後你可以試著將尿布脫掉。此時可讓孩子穿上褲型尿布，不需要黏貼，有彈性防漏側邊，可以往上或往下拉。

・讓孩子在固定的時間（如：早上、晚上、餐後）都上一次廁所，看看是否能成功尿出來。即使沒有也請持續做這個儀式，總有一天會成功的。

好天氣時讓孩子光著屁股在花園裡玩，放個小馬桶在隨手可及之處，當你發覺孩子想尿尿了，立刻把他放到小馬桶上，總有一天他會自動在想上廁所時坐到小馬桶上。

有關「戒尿布」的童書

芭柏・施巴特夫（Bärbel Spathelf）和蘇珊娜・史澤施尼（Susanne Szesny）的《小魔法師布布去》（*Der kleine Zauberer Windelfutsch*）是一本很棒的書，孩子們很喜歡，當你的孩子會自己去上廁所後，你可以像書裡描述的一樣，做一個「布布去獎牌」給他。

針對害怕去上廁所的問題，可以讀讀尤塔・鮑爾（Jutta Bauer）和克莉絲汀・包伊（Kirsten Boie）的書《尤莉與怪獸》（*Juli und das Monster*）。

和奶嘴說再見

「我的父母不希望我整天咬著奶嘴，因此每天早上我的奶嘴都會被放在餐廳的窗台上，這麼一來月亮就可以把它拿走，當然拿走它的是我的父母，而不是月亮。到了晚上準備上床前，我會穿著睡衣站在窗户前面，大聲說：『月亮，把我的嘴嘴給我！』爸爸和媽媽就會從我身後丟出奶嘴。有好幾年我真的相信月亮會在白天時保管我的奶嘴，這對我來說真的是個很棒的回憶，同時也幫助了我在白天時不用奶嘴。」

幾乎沒有一個孩子願意和心愛的奶嘴分開，不論是只有晚上才需要，或者是已有好一段時間不再需要，當他們想到時，還是常常還會哭得唏哩嘩啦。這種情況往往讓父母很難受，沒有一個父母能夠淡定的承受，孩子戒奶嘴時傷心欲絕的樣子，但他們又不希望孩子因為長期吸奶嘴而造成傷害。

「有位奶嘴仙子來過我們家。我已經事先和女兒說過仙子的故事了，女兒知道仙子會帶禮物送給戒奶嘴的小孩，我們一起寫了一封信給奶嘴仙子，信裡女兒將想要的東西畫成一張畫。奶嘴仙子（也就是我）回了一封信給女兒，信中向她說明已經知道她想要什麼了，只要她準備好戒掉奶嘴，就會過來把她晚上放在枕頭底下的奶嘴換成禮物。女兒很感動，幾天之內就主動戒掉了奶嘴，並獲得了奶嘴仙子的禮物。不過女兒因為沒有奶嘴，第一天睡前還是哭了，那天我陪她躺在床上，抱了抱她。」

或許你會認為，孩子心中的沮喪永遠不會消失，但其實不然，也許短短幾天之內孩子就可以完全戒掉奶嘴了。在這種痛苦的時候，你可以用不同的儀式來幫助孩子。

你可以試試看「奶嘴樹」，讓孩子將自己的奶嘴用繩子綁住吊在樹上，任何時候他都可以去看看它。

牙仙子

相較於奶嘴仙子，也會有「牙仙子」來拜訪孩子，帶走他們掉下來的乳牙。如果牙仙子能留下個小禮物的話，孩子一定會很開心。你也可以用小盒子或罐子把乳牙收集起來。

「在我女朋友的家中，只要有孩子的乳牙掉下來了，她的父親就會帶那個小孩去吃冰淇淋。」

強化孩子的自信心

只有極少數的孩子天生就很有自信，因此在自我發展的過程中，孩子需要父母的支持，為他們增強信心。

事實上本書裡的所有儀式都能帶給孩子安全感，對你的孩子來說，這是在日常生活中所有不確定性的重要支柱，他們可以牢牢抓住這些支柱。

當然還有一些非常特別的儀式，能夠強化孩子的自信，讓他們振作起精神，也許你知道幾個這種儀式，或者在特定的情況下你也會不自覺的使用。

強化孩子自信的儀式

・你是否曾經在早晨對著鏡中的自己開懷大笑呢？這麼做之後，你將發現自己會立刻感到身心舒暢，並能愉快展開這一天。這樣的方式也適合用於孩子，對孩子露出爽朗的笑容吧！特別是在早晨的時候，以笑容喚醒孩子，或許也可以來場晨間搔癢遊戲。

・在即將面臨困難的情境之前，例如：第一天到新的學校上學、在大吵一架後重新和朋友見面等，請和孩子一起試試下面這項儀式：兩個人都站得直直的，抬高下巴，深呼吸後大大的笑開，你們也可以想像自己戴了一頂皇冠在頭上，不可以讓它掉下來。

・讓孩子知道你以他為榮，說給他聽並且展示給他看。掛出他第一次畫下的作品、將他首座運動獎杯放在顯眼的位置，就連那尊不知道是什麼的陶土作品，也要有自己的榮譽席。

・相信你的孩子是有能力的！你可以讓孩子在一間他很熟悉的超市裡，獨自尋找某些商品，然後再到收銀台前和你碰面。即使你很擔心，也放心讓孩子爬上高聳的攀爬架吧！如果你因為擔憂而老是阻止他，孩子就會覺得不被信任，而無法發展出良好的自我意識。

・讓孩子透過做自己喜歡的事來獲取力量。每週為之固定安排特別的時間，如果你不確定什麼事情能讓孩子獲得力量，那麼請多做各種嘗試。有的孩子喜歡運動，有的可藉由密集的和父母其中一方獨處來獲得力量，有的在聽了特定的故事劇後便能得到力量，或許還有人只要泡在浴缸裡好好的放鬆力量就回來了。

Chapter 7

教育，就是這麼簡單

「用儀式來教育孩子真的會比較容易嗎？」你現在是否也有這個疑問。答案是肯定的。因為當事情本來就是如此，而且也一直都這樣做，你便不必再和孩子討論某事為什麼得這麼做。儀式是教育的絕佳幫手，在這章我們彙整了一些重點。

某些儀式你可能很熟悉，或即使不熟悉你也希望將來能建立起來，以解決孩子的某些問題。幾乎所有孩子都能透過儀式而變得更容易遵守規則。還有，對孩子而言，如果環境是可預見且是能列入計畫中的，他們在成長的路上，也會擁有更多的信心與信任。幾乎所有教育工作者都運用儀式讓自己在執行時更輕鬆容易。

「倘若沒有儀式，在幼兒園裡老師是會絕望的！」我們的作者群之一這麼說，「透過一個小儀式，老師能讓孩子快速的集合、圍圈圈、餐前洗手，或是讓彼此把想說的話說完……。當所有事情都照著相同的規則進行時，爭吵就會少很多。」

請像那些專業人士做的那樣，把儀式交到孩子手上，就像樓梯扶手一樣，孩子會順著安全的往上爬。

有句很棒的話是這麼說的：「儀式是社會的黏著劑，將所有的社會關係黏在了一起。」回顧一下你的生活，你將發現自己知道且在生活中實際運用到的儀式竟然這麼多。單就問候來看，商業活動上和人握手、與熟人碰面時親吻臉頰，或是與不熟悉但見過面的人以點頭示意等皆是儀式。

相信私底下你也一定有許多小儀式：和家人親吻道別，回到家時給予擁抱等。

請勿忽視儀式的重要性，並盡早開始實施。

寵愛

當有人說你「太寵孩子」，通常都不會是正面的意思，而你自己一定也有這種感受。所以當你聽到這些話，你可能會嗤之以鼻，或者回答，你只在特殊情況下才會慣著他。但對孩子來說，這是一種被愛的象徵。

寵愛真的絕對是負面的嗎？

不是的！有些情況你得好好的寵愛你的孩子，例如：當孩子生病躺在床上時。這麼做對孩子是有好處的。

在特定的時機，例如：生日或偶爾在週末時，特別寵愛孩子一下會是好的。畢竟當我們偶爾也被寵愛時，心裡絕對很高興。不過要注意的是，寵愛不可以是持續性的，應該只出現在某些特定情況中。如此一來孩子便能清楚知道，只有在哪些狀況時可以開啟「寵愛模式」，而平常不行。這麼一來，他就不會在平時提出那些要求。

什麼時候可以寵孩子以及該如何寵呢？

- 孩子牙齒疼痛且咀嚼困難時，煮些麥片粥或牛奶布丁。
- 讓孩子在週末穿著睡衣吃早餐。
- 當孩子生病時，請用他喜愛的菜餚和飲料來寵愛他，可以的話讓看電視的時間比平常久一點。
- 如果孩子想要的話，偶爾讓他和爸爸媽媽一起睡。
- 度假時准許他也吃些速食。

你一定也自然的想起，許多小時候被寵愛的狀況以及過程吧！將你美好經驗繼續傳承下去。

無聊

無聊是生活的一部分。我們成年人多半知道空閒時要做些什麼，而且也會因此開心。但是對孩子來說，這卻是需要學習的，他們常常不知道自己該做些什麼。

大部分的孩子都擁有規律的生活，就連在幼兒園裡，也有活動時間表，而非放任自由玩樂。放學後往往還會接續一些活動，如：運動、學音樂、去朋友家玩，或是和媽媽去購物等，不久就到了該上床睡覺的時間了。在這樣緊湊的時間表中，孩子不需要讓自己有事做，也不用去想要做什麼。所以當孩子有了一些「自由時間」時，他們常常會不知道該做些什麼，而覺得無聊。

「每當我女兒來找我抱怨她很無聊時，我會建議她，我們兩個一起來無聊。我們會躺在沙發上，彼此不講話，而且什麼都不做。幾分鐘以後，女兒就會覺得這太『無聊』了，然後她會想到可以做什麼，不過這需要長期訓練。女兒還很小的時候，她很難熬過這種無聊，因此她都會求我告訴她，有什麼事是她可以做的，或是我們可以一起做些什麼，所以我很難不去照顧她。但對我來說，學會自己找事情做，也是一件很重要的事。」

即便這不是一種儀式，但也建議父母們，偶爾就讓孩子無聊一下，或者你們一起無聊。因為如果沒有無聊，孩子就無法發揮他的創意讓自己有事做。

電視的魅力

幾乎所有孩子都無法抗拒電視的魅力，而且喜歡看沒太大教育意義的節目。請暫時站在孩子的角度來談這件事，不要再陷入要看什麼？什麼時候看？以及可以看多久？那些討人厭的討論。你知道「電視仙子」嗎？

「如果我的女兒看電視看太久了，我們就會說：『電視仙子必須先帶一枚電視銀幣過來。』什麼是電視銀幣呢？這是一種寶石或類似的東西，當銀幣出現在信箱裡或窗台上時，電視才會再度啓動。」

說不定你也曾經遇過電視仙子，只是你自己不記得而已……。

魔法遙控器

使用這項詭計時你必須先移除遙控器的電池，如此一來電視就只能在特定的時候（也就是電池裝回去時）打開。

分擔家事

在孩子成長的過程中，讓他們分擔家事，如收拾桌子等，是非常重要的事。當然根據孩子的年齡不同，家事任務也會不同，請想想孩子可以做哪些事。如果身為父母的你已經想好，哪些你認為重要的任務，要讓孩子去承擔。那麼就和孩子一起坐下來談一談，也許你們可以一起做一個計畫，或者畫一張畫，附上一個可以轉動的箭頭，用它來標明這星期該輪到誰收拾桌子或倒垃圾。這往往能發展出一套儀式，在每週或每日之始將箭頭轉往下一輪。

任務完成的人，自然也需要被嘉獎。當你做了某件事後，如果這件事受到了重視，同時也被注意到，內心必定會感到非常高興。相反的，如果沒人注意的話，那麼心裡就會失望，且很有可能不會再做第二次，或者做這件事的幹勁和熱忱被減弱，孩子也是一樣的。

因此請實施一套「嘉獎計畫」，最好是全家人都適用的計畫。也就是說，家裡的每一個人都可因完成任務獲得一個點數、笑臉符號或貼紙等，並在每個週末（如在每週的家庭會議上）統計結果，再與那張大家一起製作的兌換表互相對照，看看全家人一起收集到的點數，可以兌換成什麼。（例如：五點是家庭遊戲之夜、十點可以去趟游泳池、二十點則是去看電影等等）施行後，你將會發現，家人們能從中獲得許多樂趣，說不定還會彼此留意叮嚀呢！

彈珠杯

視覺效果佳的嘉獎方式，也能獲得相當不錯的成效。準備一個玻璃杯與彈珠（杯子不能太大，彈珠不能太小），每當孩子按照約定完成任務，如：收拾整理好了，就可以放一個彈珠到玻璃杯裡。當彈珠累積到超過一條特定的線時（大家事先一起決定並畫下那條線），就可以一起去吃個冰淇淋等等。

當然你也可以反向操作。把四個積木放在櫃子上，每當孩子未遵守約定，你就拿走一個積木。積木可以代表看電視的時間（一個積木五分鐘），如果到了晚上只剩下一個積木，孩子就只能看五分鐘的電視。這種儀式的好處是，你什麼也不必說，只要拿走積木就好，這樣可以避免你們陷入討論爭辯的泥沼。

家庭會議

你熟知在工作上或從電視裡看到的會議很無聊，會議上經常討論不出結果。家庭會議當然應該以完全不同的方式進行，透過一些技巧和方法你能創造出美好的家庭會議儀式，而且會很快喜歡上它。

每週或至少每個月一次，全家人一起坐下來開會，所有人都應有充裕的時間，不會有人中途需要離開。大家聊一聊這段期間發生的事，並擬定下週的計畫，也可在會議上討論每個人需要承擔的家事任務等。你將發現透過與儀式的連結，會造就更多樂趣。

你們可以輪流由一個人來注意是否有人插嘴說話，也能利用發言石（或其他物品來）表示，只有手裡拿著這塊石頭（物品）的人才能發言。如果你家沒有插嘴干擾的問題，當然就不需要這項規矩。

手足之間

手足是很特別的存在，彼此之間有著獨一無二且密切的關係。無論何時、何地，只要你發現手足之間的儀式，請好好維護並支持它，這對孩子未來的成長與維繫手足之情格外有益。

「我和弟弟洗完澡後，媽媽會用一條事先放在暖氣機上烘熱的浴巾，幫我們同時擦乾，而我們則會緊緊依偎在一起。」

兄弟姐妹之間可以互相學習的事很多很多。

「一個星期會有一天，弟弟可以和我一起彈鋼琴，我會告訴他可以按哪個鍵。當我們一起彈一首曲子的時候，他會非常高興。當弟弟年紀夠大後，也開始學鋼琴，而且學得很開心。」

當然兄弟姐妹之間不是每天都很好，也會有爭吵的時候。爭吵時，有一些簡單的儀式能幫得上忙。吵架時，最重要的儀式便是和解了。和解的方式可以像是：睡前握手言和、吵完便不能再提等，針對這件事可以參考「爭吵與和解」這章裡其他有關和解的例子。

「以前我們很喜歡玩印第安人的遊戲，晚上會象徵性的把小斧頭埋在床下，這代表著晚上不能再提到吵架的事（小斧頭隔天會不見）。還有我們必須以印第安頭目坐牛[1]之名和解，這個誓約會由我們的父母見證，接著握手與大聲說『呼』來化解怒氣，在絕大多數的情況下，我們在第二天早上就能和好。」

下面還有另一個例子，提供了如何讓兄弟姐妹和睦的分配東西的好方法。

「如果我們四個兄弟姐妹一起獲得了一袋糖果，這袋糖果會被平均分配到各自的糖果罐裡，無法平均分配的量則給媽媽。這真的製造了奇蹟，從此之後，幾乎沒有我們不能平均分配的東西。」

1 十九世紀時的一位印第安酋長，曾帶領他的族人對抗當時的美國軍隊。

Chapter 8

來，抱抱

滿懷愛意的肢體接觸對孩子的發展來說非常重要，你可以從孩子很小的時候就透過儀式，以遊戲般的方式，將愛的肢體接觸融入日常生活之中。

走在路上時，哪個孩子不喜歡騎在爸爸肩上呢？不過這只是你與孩子肢體接觸當中的一種而已喔！

道別與問候

在道別、問候或睡覺的時候，請使用特殊的親吻方式，如：彼此摩擦鼻子，或者給孩子一個「愛斯基摩之吻」（用睫毛摩擦孩子的鼻子）。這麼做之後，你將會發現，這對孩子來說多麼有趣。他們會期待這樣的親吻，甚至還會主動要求進行這項儀式，不過通常在青春期來臨時，這項儀式也會走入歷史。

另外「親吻馬拉松」也是很棒的晚安吻。「親吻馬拉松」即是依照順序，親吻孩子臉上固定的一些地方，如：額頭、眼睛、鼻子、嘴脣等。至於這趟馬拉松要親多久，就由你和孩子共同去決定吧！

做得很好

你知道「擊掌」這個儀式嗎？每次足球員踢進球後都會互相擊掌。你也可以將這變成一種儀式，只要某事很成功，就可以和孩子互相擊掌。

給予安慰

就連日常生活中的一些小動作也帶有儀式意義，例如：拍拍肩膀就是一種儀式性動作。這個動作代表了兩種意義：認可和安慰。即使這種肢體接觸的時間很短，也能傳達出意思。

坐在懷裡

在本書某位協同作者的家中，有項肢體接觸儀式：當家人們一起共進晚餐後，孩子可以坐在爸爸或媽媽的腿上。如果你們家不只一個孩子，父母每人各有兩隻腿，請和孩子用這種方式消磨幾分鐘。你們可以回顧一下今天發生的事，或一直閒聊到要上床睡覺為止。

另一種類似的動作是將父母的腿當馬騎，小小孩特別喜歡這種遊戲，它同時也是一種非常重要的儀式。孩子不但覺得有趣，而且也能加強他們對父母的信賴，因為孩子會相信爸爸媽媽不會讓他們掉下來。

其他和肢體接觸有關的儀式

睫毛許願

如果你發現自己或孩子臉上有一根睫毛，請輕輕的用手指把它拿起來，讓孩子吹走它同時許個願。

勾手指

如果兩個人同時說了一樣的話，用小指勾住孩子的小指後許個願，然後再用手把兩隻勾住的指頭「切開」。

你一定還想到了其他可以和孩子增進肢體接觸的美好儀式，請盡情去做吧！

Chapter 9

什麼都不怕

儀式能賦予安全感。或許你曾有過這樣的經驗，當你有一個重要會議或待簽的生意合約時，一定要帶著一枝特定的原子筆，或者早餐得經過特定的程序。這麼做並不代表你不了解，就算不這麼做也不會影響結果，但是這麼做卻能增加你的安全感，對孩子來說也是一樣的。

如果你的孩子運用一種「每次都能成功的程序」克服了某特定狀況，那麼他遇到問題時，會變得比較不那麼害怕。請在孩子還小的時候就開始訓練，或者將它們變成儀式，那麼你將會發現，這樣真的管用！

化恐懼為勇氣

不是每個孩子都從一開始就很勇敢，並且相信自己可以做很多事。某些孩子只會在特定的成長階段顯得畏縮，但有些天性便是如此。

特定的儀式能協助孩子處理內心的恐懼。

「孩子的幼兒園裡有一種『勇氣果汁』，其實就是把櫻桃汁和香蕉汁混在一起。但當這種果汁出現的時候，所有孩子心中都會生出勇氣，敢去做一些以前從來不敢做的事。我兒子很喜歡，每當他面對未知的挑戰時，都會要求喝這種果汁。」

來發明個「勇氣誕生」特製魔法口香糖吧！或許對你的孩子來說，也會是個很有幫助的儀式。

「我女兒有段時間被幼兒園裡的一群男生捉弄，這讓原本不至於太畏縮的她，在幼兒園裡幾乎什麼也不敢做。那個時候，我在一間玩具店裡買了個『勇氣怪獸』送她。重要的是，這項東西必須能裝進褲子口袋裡，這樣她才能一直帶在身上。這隻『勇氣怪獸』給了她很多力量，讓她有自信去對付那些惹人生氣的男生。」

重要的是，孩子永遠感覺得到身為父母的你們，是否相信他真的能做到某事。如果連你們也顯得憂心忡忡，害怕他會從攀爬架上摔下來，那麼孩子可能就完全不敢爬上去了。請用正面的話來讓孩子更加堅強。

正面話語（支持的話）

- 「你辦得到！」
- 「我相信你！」
- 「我相信你可以做到！」

這些話比起你說「最好小心點」、「有點太危險了」或「還是不要做吧，免得你受傷」這類的話，更能給予孩子支持。

下面還有很多能夠在孩子害怕時，給予協助的好點子，而且全都很容易執行。看看你和孩子喜歡哪種方法，然後一起試一試。無論哪種儀式，重要的是你要對它有信心且相信它真的有用。只有在你帶著熱忱與信心將儀式教予孩子時，孩子才會相信並去嘗試。

對付恐懼的辦法

守護天使

市面上有許多漂亮的守護天使，不過如果能自己做那就更好了，你可以畫在紙板上再剪下來，也可以用陶土捏製，或是做一個專屬的娃娃。不論它是什麼材質？價值多少？一定都會讓孩子印象更加深刻，效果也會更好。和孩子一起動手做吧！通常孩子都會有很棒的想法。

超級英雄

你也可以和孩子一起想一想，若有一個可以保護他的超級英雄，會是什麼樣子呢？這個超級英雄可以是孩子認識的人物，電影或書裡面的角色，或者也可以是一個幻想出來的人，和孩子一起把他畫出來或做出來，想想怎麼做最適合。

繪本

請和孩子一起設計一本，與他的恐懼有關的繪本。故事中或許會有能克服恐懼的英雄出現，或是其他幫得上忙的東西。在面臨引發恐懼的狀況時，和孩子一起讀這個克服恐懼的故事。

專屬的騎士裝

和孩子一起設計一套騎士裝，可以畫出來或做出來。想一想，騎士裝如何能戰勝「恐懼惡龍」，也許需要一把劍？或者你們可以一起為這套裝備製作一面盾牌。如果這套裝備很適用，那麼孩子可以在面對困境時，用想像的方式「穿上」它，藉此變得堅強、勇敢並受到保護。你也可以將這整套裝備搭配上「堅毅騎士神奇呼吸法」，教孩子如何平靜的用腹式呼吸（這種方法對付恐懼非常有幫助），或者你也可以再多想一個勇敢的騎士格言。

勇氣手提箱

和孩子一起打包一個「勇氣手提箱」。他可以將對抗恐懼的「幫手」放入手提箱裡，例如：強壯的動物或是像「你辦得到」這樣的字條。當他要去朋友家過夜或遇到類似的情況時，就可以帶上他的勇氣手提箱。

把恐懼關起來

和孩子一起想一想他的恐懼長什麼樣子，並和他一起把恐懼「打包起來」或「打包後丟掉」。你可以在會引發恐懼的狀況發生前，和孩子一起先把恐懼「關起來」，可以關在一個「恐懼手提箱」、「保險箱」或其他特別的箱子裡。「關起來」以後，在面對困境時，恐懼就不能再傷害他了。

勇氣石

你知道「勇氣石」嗎？勇氣石最好是在散步時「找到」。你可以在河濱、海邊、森林或草地上發現勇氣石，或者到專門的「勇氣石商店」買一塊，和孩子一起去買勇氣石，一起挑選或問問店家的意見。一定要慢慢挑，把挑選石頭的過程也變成一種特殊事件，這麼做你的孩子也會賦予這塊石頭特殊的意義，當往後遇到讓他害怕的情況時，他會帶著這塊石頭，並覺得自己勇敢許多。

恐懼蠟燭

你知道嗎？在德國某些地區，如果碰到了重要的、令人激動或害怕的情形時，人們會在家裡點上一根蠟燭。例如：若今天有一場特別難的考試，點上蠟燭後「這根蠟燭會為我燃燒，幫助我，直到我脱離困境」。基於安全，當然必須將蠟燭放在玻璃杯或浴缸裡面。等到讓人害怕的事情結束後，再吹熄蠟燭，這代表著「現在不需要了。」

恐懼之畫

讓孩子把他的恐懼畫出來。恐懼並非抽象、不明確的形體，孩子所呈現出來的該是有「具體形象」的樣貌。藉由孩子畫出的圖，你可以得到很多資訊，例如：如果孩子的圖上有又粗又黑的外框，表示恐懼基本上已不那麼有威脅性了。隨後和孩子一起想想，該如何戰勝恐懼。可以在畫完恐懼畫後，把它燒掉或剪碎，再把灰埋起來，並將之變成一項儀式。

魔法香草袋

一個好聞的小布包，無論是買的或自己縫製再填入香氣濃郁的香料，在對抗恐懼時都很有用。孩子可以將「魔法香草袋」帶在身上，每當需要勇氣時，就拿出來聞一聞。

魔咒

魔咒同樣也是給予孩子勇氣的極佳方式，上面提到的儀式都很適合同時加上「勇氣魔咒」。

- 「魔法變變變，馬上把怕怕變不見！」
- 「一二三，不好的想法立刻退散！」
- 「西姆撒啦，考試立刻變簡單！」
- 「勇敢，勇敢，勇敢，順利度過所有難關！」

怪獸與鬼怪

孩子常常會覺得房間裡有怪獸或鬼怪，有的甚至會說他們親眼看過。這種恐懼，有時會嚴重到讓孩子不敢打開自己房間的衣櫃門，他們會害怕裡頭突然有怪獸，從裡面跳出來抓住他們。

這時身為父母必須正視孩子的恐懼，請不要和孩子爭辯說：「唉，別裝了，根本什麼也沒有！」孩子應該要能感受到，父母很重視他的恐懼，而且認真對待並且支持他去克服恐懼。

防怪獸噴霧

你可以和孩子一起製作一罐「防怪獸噴霧」（如將水和薰衣草混合在一起），或者在貨色齊全的香水店裡買一罐，試試看噴了噴霧之後，怪獸是不是變少了。

害羞

也許你家也有一個害羞的孩子，喜歡躲在你背後，被問問題時總是小聲的回答。對身為父母的你們來說，或許會因此而有些擔心，不過通常這個問題多半會隨著孩子的成長消失。

不過當然還是有一些技巧和手段，能幫助孩子克服羞怯。

請讓孩子知道他有多棒，而且要盡可能的常說。還要告訴他，他做的是對的、他很完美，你就是愛這個樣子的他，這麼做會增加孩子的自信心。為了完全掌握孩子的優點，你們可以一起做一張拼貼畫。

拼貼畫──「我會做什麼？喜歡什麼？敢做什麼？擅長什麼？」

在一張紙的中央貼上孩子的照片，接著從舊雜誌上剪下所有與孩子有關的事物。如果他喜歡運動，那就在拼貼畫上貼上那項運動的圖案，喜歡吃的東西也可以貼上去，慢慢貼滿這張畫。你的孩子將能從畫中，看到所有屬於他的東西以及他可以做到的事。

練習吵架、吼叫和打架

害羞的孩子常會害怕面對各式各樣的衝突。針對這點，你們可以一起在家裡訓練。

打架、吵架時間

每週訂定一個固定的「打架時間」，然後好好的吼叫、推撞與爭吵。剛開始的時候孩子可能會害怕，或不想一起做。不過慢慢的，他就會發現，偶爾大聲的對某人說出自己的想法，或在遊戲時互相推撞，並沒有什麼關係。你也可以訂定規則，即在這段時間內（只能在這段時間內）容許使用粗話。反正孩子絕對不可能不接觸到粗話，所以寧願在家裡，讓他在一個受保護的範圍內，每週釋放一次，也好過在一般的日常對話中使用。

給予孩子充分的機會去克服他的羞怯，讓他在你們面前來場小小的馬戲團表演如何？或是親自邀請祖父母來家裡住。只要越常訓練，孩子也會越容易克服。

放手讓孩子去做吧！例如：讓孩子自己去冰淇淋店排隊買一球冰淇淋，你越相信他能做到，他就會越相信自己有能力。

有一本很棒的書叫《基爾絲汀・波伊談害怕》（*Kirsten Boie erzählt vom Angsthaben*），作者是基爾絲汀・波伊（Kirsten Boie），書中用孩子聽得懂的方式，好好的談論了害怕這件事。

如果孩子的羞怯或恐懼太過強烈，以致於上述的方式都無效。甚至孩子在過了很長一段時間之後，如不敢再到他自己的房間睡覺，而產生了其他問題的話，那麼你就得去尋求專業協助，和兒科醫師談一談，或找兒童青少年心理醫生諮詢。

Chapter 10

爭吵與和解

在幼兒園裡通常會有一張「冷靜沙發」，情緒高漲的孩子必須坐在沙發上一段時間。你或許也知道「冷靜樓梯」，如果孩子經過警告過後仍繼續吵鬧，就必須待在樓梯上。除此之外，還有一些儀式可以幫孩子化解怒氣。

當遇到孩子間爭吵或憤怒時，你會如何處置？此決定與你幼時的經驗息息相關。

發展自己的方式

想一想你自己是如何面對爭吵或憤怒的呢？你會暫時避開對方，還是當面直接解決問題？你會提高音量？還是去慢跑一下？

「我們家不會特別設一個『冷靜地點』，但在狀況失控的時候，我女兒必須回到她的房間，過幾分鐘以後，等她冷靜下來才能出來。」

每個人面對憤怒、壓力或不愉快時都有一套自己的處置方式，請想一想哪種方式對你來說最好。

任何時候你都可以為你家中新的、適當的爭吵文化，發展出一套策略與儀式。身為家長應該盡全力找到有意義的解決方法，而且讓所有家庭成員都清楚了解。

「我兒子清楚知道，每當我慢慢的數『一、二……』時，就是有趣的事已經結束的意思。他從未因此受到嚴厲懲罰，但他從一開始就很清楚，我開始數數就表示樂趣結束了。」

憤怒與爭吵是人生命中的一部分，但孩子因為還很敏感，而且他們不是每次都知道該如何面對自己偶爾的負面情緒。因此在家中施行一套理性的爭吵文化，這點是很重要的。

請讓孩子了解，負面的感受，如：害怕、憤怒、生氣等都不是問題，重要的是要在一個適當的範圍內，表達出這些感受。請注意，身為家長，你也必須遵守這些規則，這樣孩子才能學會。

如果孩子開始莫名發脾氣時，下面的方法會很有用。

「每當我女兒又開始生氣，而且我幾乎無法接近她的時候，我會放一隻生氣羊在她肩上。因為她常常根本就不知道自己為何如此生氣，因此我們把過錯推給生氣羊，是牠讓她變得這麼壞的，接著我們會用許多的幽默方式去擺脫牠，然後所有的憤怒就如同被吹走一樣煙消雲散。」

幫助孩子化解負面情緒的儀式

休息五分鐘

當你發現自己或者孩子快要生氣時，立刻說：「停，休息五分鐘」。然後設定好計時器，在這五分鐘之內不要互相交談，最好各自到不同的房間去，過了五分鐘之後，一起坐下來談一談，為何你或孩子會生氣。通常在過了五分鐘之後，怒氣都會減弱一些，可以冷靜的談談問題，一起找出解決之道。如果你一直都這麼做，那麼孩子就能很快學會這種化解衝突的方式，而且當他察覺自己快要生氣時也會說出「停」。

打枕頭

如果孩子真的非常生氣，而且你覺得他很難從這種情緒中走出來，那麼就讓他打一打床墊、枕頭，或捂著枕頭吼叫。這麼做不會傷害到任何人，就能化解掉攻擊性，通常孩子的攻擊性會非常快就消失，你們又可以再度正常的相處了。

寫下感覺

將感受和情緒寫出來，有的時候孩子或你自己也會覺得自己被誤解了，認為沒有人了解自己。如果孩子會寫字，可以讓他將感受與想法寫在紙條上交給你，反過來請你也這麼做。相較於把話說出來，書寫出來的文字會呈現不同的感覺，有的時候還會讓人更加深省。

和解

吵架並不好，而且不只身為父母的你這麼覺得，你的孩子也是。但即便如此，在某些情況下就是沒辦法避免吵架。萬一吵架了，那麼學會和解就很重要，如果沒有確實和解，雙方事後心裡都會不好受。

和解也能透過儀式來執行。吵架之後你會如何和另一半、同事、朋友或家人和解呢？或者你希望怎麼做才是「好的和解方式」呢？

「在我們家無論吵得多兇，或其中一方有多生氣、多失望，對所有人來說，最重要的是彼此很快的和解。沒有人會帶著這種情緒離開家或上床睡覺，在激烈的爭吵以及稍微冷靜下來後，我們會去找對方表明和解意願，接著互相握手，對彼此說『對不起』（因為吵架雙方都有錯）。道過歉之後彼此擁抱，並告訴對方自己有多愛他。這項儀式在我們家實施了很長一段時間，對我們家人來說，最重要的永遠是，每個人都知道無論和誰吵得有多兇，我們對彼此最深層的愛永遠不會改變。」

每次吵架後先留幾分鐘的時間「讓一切隨風而去」，因為情緒高漲時往往很難和解。當你感覺到已經冷靜了，再去找你的孩子，抱抱他，問問彼此是否要和解，只有極少數的情況孩子會拒絕和解。孩子很快就會學會這種和解的行為，在你先踏出第一步幾次後，他也會開始踏出第一步。當他這麼做的時候，當然得稱讚他一下。

下面有許多和解方式，選擇你最喜歡的，或者你已經有了某種效果不錯，專屬於你的和解儀式了呢！

其他和解儀式

淋個熱水澡

吵架後給對方「淋個熱水澡」。這麼做並不是真的幫對方洗澡，而是告訴對方自己喜歡他什麼。

和解字條

雖然很難開口道歉，但是和解是必要的。真的說不出來的話，可以給對方一張字條，上面寫一些親切的話語或只簡單畫個愛心就好。

散步和解法

吵架過後一起去散個步。人在活動時，通常情緒都能很快冷靜下來。

白旗

大家都知道「白旗」象徵著放下武器投降。也許你可以和孩子一起製作一面白旗，然後把它放在家裡某個固定的地方，當吵架的其中一方不想再繼續下去，就可以取出白旗並舉起它，只要白旗出現，就不能再吵了。如此一來怒火可以消散，而且之後要和解也會容易得多。

和平煙斗

我們可以像印第安人一樣在家裡準備某種「和平煙斗[1]」，當然不是用來抽的，而是用來象徵和解。

大衛．麥基（David McKee）的童書《兩隻怪獸》（*Two Monsters*）書中用很棒的方式來描述吵架這個主題，或許吵架之後一起看看與其相關的童書，也是個不錯的儀式。

對孩子來說，重要的是他們一方面學到了正確的吵架方式，同時也學會了如何正確的和對方和解。吵架之後如果沒有和解的話，容易在心中留下一個疙瘩，孩子有可能會因為一點小事而不再喜歡彼此。

1 北美印第安風俗，以相互傳吸煙斗表示講和。

道歉，是項重要的儀式

你可以從孩子很小的時候，就開始以儀式的形式來訓練孩子說「對不起」，首先想一想你希望孩子如何道歉，或者你自己是如何向他人道歉的呢？

每個孩子都應該要會說「我很抱歉」或「對不起」。

請從孩子還小的時候就開始訓練，你可以在和孩子遊戲時，推倒某樣東西，然後說「對不起」，小小孩很快就會從你身上學會這種行為並開始模仿。

當孩子年紀稍長後，你會發現對不起越來越難說出口，而且越來越需要你去提醒，他應該要道歉。此時，父母可以問問孩子為何不願意道歉，藉此表示你想要了解他的行為。他們不這麼做的原因，常常是因為孩子有著與我們成人不同的標準，他們不想去認清自己該要負起的「責任」。

「我試著告訴女兒，問題不在於是誰的錯，道歉是為了終結負面情況。」

不過有的時候孩子會難以親口為某事道歉，我們可以和他們練習畫或寫張小小的道歉紙條，這會比說出來簡單的多，而且效果一樣好。

這麼做很快就能自動道歉

- 很小就讓孩子在遊戲中練習道歉，因為越小做越容易記在心上。
- 畫下或寫張道歉紙條。
- 訓練孩子以一種特殊的動作來取代口頭道歉，例如：擁抱或親吻臉頰。

成為榜樣

你或許會懷疑這個章節和儀式究竟有什麼關係？而且這似乎是嚴肅的教育議題。即便如此，我們還是認為「爭吵與和解」這件事，對孩子來說很重要。只有透過身為父母的你，將之與儀式緊密結合才會有效。

如果你在吵架之後，靠近對方並嘗試去解決爭吵或問題，孩子就會信服。孩子比我們認為的還要聰明，請確認孩子是非常有意識的在履行你的吵架文化，並試著去適應它。也請在吵架時成為孩子的榜樣，展現出如果你是孩子，會希望你的父母怎麼做。

如果你想以儀式的形式將某種吵架文化授予孩子，那麼你自己在爭吵時，就一定得遵守那些，你為孩子在吵架時訂定的規則。因為如果孩子仿效的對象所做的行為是「錯誤的」，那麼孩子如何能學會做「對的」事呢？

你應該成為孩子的榜樣。同樣的，你的孩子也應該盡可能的成為其他孩子的榜樣。舉例來說，我告訴自己的孩子，把自己的垃圾隨手扔在街上是不好的行為。吃完糖果後，如果無法把糖果紙丟進垃圾桶的話，就必須先將垃圾放在袋子裡，回家後再丟進垃圾桶。我的女兒深深的記住了這點，以致於她幾乎每天放學後都非常失望的回到家，因為又有「不乖的人」把垃圾直接丟在了地上。

這類可作為榜樣的觀念，能夠輕易的透過儀式而學會，因此你的孩子同時也可以是其他孩子的好榜樣。

還有哪些方面，能讓我們的孩子也可以成為其他人的好榜樣呢？

人際相處是其中之一。如果你們家中的相處模式都是禮貌且互相尊重的，當別的孩子來訪時，在最好的情況下，他會將這套正面的相處模式帶回家，也許也會主動的在自己家裡這麼做。

家裡的吵架文化也會有同樣效果。如果你的孩子學會如何讓爭吵不訴諸暴力又能達成妥協，他也會在幼兒園、學校或朋友圈裡嘗試這麼做。其他不知道這種吵架文化的孩子或許會發現，比起他自己的方式，這種形式是種更好的選擇。

又或當你的孩子學會良好的餐桌禮儀時，他也可能在這方面成為其他孩子的榜樣，而且小小孩們正好最喜歡模仿大孩子們的行為。

當你的孩子學會「正確的」行為時，在很多生活情境中，都可以起到榜樣的作用。

如果你不只有一個小孩，請告訴最年長的孩子，他對弟妹們來說是一種榜樣，就像你身為父母也是一種榜樣。這個榜樣的角色有多重要呢？如果沒有榜樣的話，弟妹們就學不到「正確」的行為了。

Chapter 11

上幼兒園囉

你回想起自己上幼兒園的時光了嗎？幼兒園裡一定有各種很棒的儀式，留存在你美好的回憶裡吧！

孩子會在幼兒園待到六至七歲。在幼兒園裡孩子透過和同年齡的同學相處，學會了許多事物，並將此帶入自己的未來。

上幼兒園是孩子踏出獨立的第一步。或許對你的孩子來說，這是第一次這麼長的時間（半天或全天）沒有父母在身邊。他開始建構社交能力，他必須獲得其他孩子的認同。幼兒園老師的教學重點包含溝通、語言、玩耍、活動、身體與實驗等領域，你的孩子將著重在學習建立社會關係與人際情感。

上幼兒園對孩子有好處嗎？

專家已經證實，上幼兒園對孩子的成長來說，有著極為正面的效果。有上幼兒園的孩子較沉穩，更懂得分享與合作，他們也學習玩耍、勞作、唱歌、吃飯、睡覺等等事情，相較於自己一個人做，大家一起會有趣得多。

在幼兒園裡，孩子必須將玩過的玩具歸位，用遊戲的方式學會遵守規矩。如果孩子們因為某項玩具而吵架，就必須去釐清玩具是屬於誰的？剛剛是誰在玩這個玩具？以及是否可以借別人玩？在當中學會妥協的方法，你先玩再換我，或者兩人一起玩這個玩具。在幼兒園裡除了少數的日子例外，通常不能帶自己的玩具去玩，因此那裡的玩具並不「屬於」某個孩子，而是大家的。每個小孩每次只在某段時間內擁有一個玩具，如此一來，孩子就學會了分享、公平以及找尋妥協的方法。

幼兒園裡注重誠實，還有所有孩子都要遵守的規定和儀式，例如：不可以用尖叫來達到目的、爭取權利，不可以吐口水、捏人、踢人、打人、推人等等。

在衛生教育方面：上完廁所要沖水、手要用肥皂清洗，還有離開廁所時要將廁所恢復原狀。還無法獨自去上廁所的孩子，會有老師協助。這些老師都會透過儀式來施行，這清楚說明了儀式有多麼的重要、容易且效果有多麼的持久。

校外教學時，孩子們會學到在馬路上該怎麼做？如何注意交通狀況。每個孩子都會去注意別人怎麼做，走在人行道上時盡可能遠離馬路，而且要跟同學牽手，還有非常重要的是：練習辨識交通號誌。

你當然也可以在自家人出遊時，使用部分或全部的儀式，這會讓你們全家出遊時更加輕鬆、安全。

某幼兒園的校外教學儀式

- 每個人都要先去上廁所。
- 所有人穿好衣服。
- 集合。
- 每個年紀較長的孩子，都要牽著另一個年紀較小孩子的手。
- 走前面的老師，要告知可否過馬路。
- 走後面的老師，要注意是否所有孩子都確實站好且專注聆聽。
- 年長的孩子走在外側。
- 等公車時，孩子們要待在候車亭內直到公車來。
- 上車時，所有人從後門上車並立刻坐好。

許多幼兒園會教孩子認識健康均衡的飲食，孩子們會在「蔬菜日」、「水果日」或「穀片日」從家裡帶來相關的食物，然後一起討論這些食物，如此每個人都能學到有關健康均衡飲食的知識。一起享用早餐和午餐時，注重的是餐桌禮儀，你在家中也可以輕鬆得到這些儀式的正面成效。

幼兒園的特別儀式

某些幼兒園會舉行「兒童會議」。老師和孩子一起舉行會議，談論一些對孩子來說重要的，或使他們困擾、生氣的事情，並和孩子一起訂定新規則，也會在會議中協助孩子排解問題。

請和老師們談談幼兒園裡有哪些儀式，或許有些儀式你想在家使用或執行。

幼兒園的日程裡每天都有重複的程序或活動，這些程序與活動對孩子來說就是儀式。例行公事讓孩子有所依據、有安全感與信賴感，透過遊戲、樂趣與團體生活，製造出重要且對未來人生需要的經驗。每個孩子的發展都不盡相同，因此他們吸收消化事物的學習速度也不一樣。但是透過行為的重複，每個孩子在行動時，都能有把握並且有所信賴。

也許你的孩子已經知道並能夠做很多事了，經過幼兒園裡許許多多優良的儀式後，通常他的知識與能力都會增強，而且有些事情只有在同儕的群體裡才學得到。

幾乎所有孩子在幼兒園裡所學的，都可運用到其他情境中，並為他的未來人生所用。因此請輕鬆看待所有孩子在那所學、所體驗到的美好事物，並為此感到開心。

上幼兒園前的準備

孩子不久後就要去上幼兒園了，你很不安，不知道是否會順利，孩子能否適應。孩子雖然也能感覺生活將會有所改變，不過他還無法判斷，因為他不知道什麼是「幼兒園」，他無法想像那是什麼。

為孩子做好心理準備

你可以先帶孩子去參觀學校，讓他認識老師以及了解環境。

有關孩子上幼兒園的書很多，也許你已經和孩子一起讀過了，如果沒有的話，一起看看書（當然不會只是一次）會是個很棒的儀式。

如果時間許可的話，你可以事先帶孩子多走幾次上學的路。如果在早上上學時間去的話，很可能會在路上遇到其他家長和孩子喔！

和孩子一起去購買幼兒園需要的物品吧！你通常會事先獲得一張物品清單，例如：背包、餐盒、雨靴、雨衣、替換衣物、室內鞋等等，請在選購時讓孩子一起挑選並一起決定（如：顏色）吧！

幼兒園模擬遊戲

和孩子一起玩模擬幼兒園的遊戲。早上多準備一份麵包，放在袋子裡交給孩子，可以把客廳當成幼兒園，帶孩子到那裡去，接著和孩子道別並模擬幼兒園內的活動（玩耍、做勞作、吃早餐等等），也可以讓娃娃或動物玩偶一起加入。

別忘了要及早讓孩子適應新的生活規律，早上配合上學時間叫醒孩子，好讓他可以習慣上學的時間。

分離焦慮

分離焦慮常常帶有愧咎的成分在內。「相較於重返職場，我是不是待在家比較好？那麼我的孩子就可以留在家裡了。」這是很普遍的想法，在這種情況下，分離焦慮多半來自於父母。

當父母的必須經歷孩子快速脫離自己的過程，這的確很難熬，不過當孩子踏入幼兒園時，也會為彼此帶來新的自由空間。你可以充分運用這些空間，而孩子也會在幼兒園裡經歷一段美好、自主的時間。你和孩子都應該為這段專屬自己的時間感到高興，好好享受這段時間後，再彼此交換心得。

當然，孩子也會感到害怕，他們無法估算自己會在幼兒園裡待多久，他們害怕不會有人來接自己回家。孩子必須先獲得安全感，他得不斷的感受到他的主要照顧者是可靠的。對孩子來說，重要的是來接他的都是同一個人，如此一來他就能繼續向同一個人報告自己做了哪些事，而爸爸或媽媽也能參與他的日常生活。

「我會在幼兒園幫女兒脫下外套，待在那裡等到她換上室內鞋，然後我會帶她一起走到班上，告訴她現在已經到家了。她會再跟著我快速走回大門口，緊緊的擁抱彼此後，我就走出大門。我會在玻璃門的另一側對她揮手，直到她再度消失在自己的班級裡。」

「因為我們每天經歷的程序都是一樣的，因此道別是一種例行公事，而且事先就可預知接下來會發生什麼事。」

「當然，有些時候和孩子道別時，可能沒那麼順利。通常是在我兒子身體不舒服或沒睡好的時候。不過即便如此，我們還是嘗試繼續我們的儀式，有的時候老師會幫忙，她會抱抱我兒子並帶他到班上去，基本上在孩子三年的幼兒園時光裡，我都能在沒有太大的吵鬧之下，順利離開。」

你可以利用一些小儀式，來對付這種有時候很棘手的道別狀況，藉此讓分離變得更容易些，也讓孩子帶著好心情上學。

請注意，道別儀式每天都要一樣，而且不要只因為孩子稍微哭鬧一下，就無謂的拉長時間。要是因為小孩稍微哭鬧你就留久一點，孩子便會覺得他只要這麼做就能達到目的，肯定會一再的這麼做。因此請你要堅定意志，但態度溫柔。

幼兒園門口的道別

有時候在幼兒園門口跟孩子道別會是一場嚴峻的考驗。孩子尖叫並緊抓著你，你額頭上因為焦慮流下了汗水，接著你開始思考，如果把工作辭了在家照顧小孩是否會比較好？不會！請立刻打消這個念頭並且放寬心，幾乎每個孩子都會有不想去幼兒園的時候。通常這和你們是不是狠心的父母，以及孩子是否害怕上學沒什麼關係。

「我們的『瘋狂幼兒園』裡有許多不同的儀式。從早上父母們送孩子來，在我們舒服的沙發上坐下來閒聊喝咖啡就開始了，接著父母就會被孩子們『推出去』。」

剛開始上幼兒園的時候，離開父母或與父母道別對許多孩子來說，是很困難的。但透過固定的道別儀式，狀況會一天比一天好，我保證！

也許你們可以一起讀本書來道別，或是玩一玩道別拼圖。有一個很有效的儀式是緊緊擁抱孩子，給他一個真摯的道別之吻，並在他手中塞入一個他專屬的「日間陪伴物」，例如：一條鏈子、一塊布巾或一個娃娃等等。這項物品可以讓孩子自行選擇。

請在道別時這樣說：「祝你今天（在幼兒園）有個愉快的一天，我會期待下課時來接你。」然後向孩子揮揮手，用放鬆、愉快的臉對他報以微笑便離開。

幼兒園裡的問候儀式與其他儀式

幼兒園中早晨儀式的種類就跟幼兒園的數量一樣多。但不管何種儀式，程序都是固定的，如此一來孩子才能遵守，老師也才能掌握情況。

「早晨集合圍圈圈之後，我們會一起吃早餐。大家在桌邊坐下來，所有人手牽著手，接著是『用餐愉快開飯詞』，由某個孩子來選擇要說哪句開飯詞，然後安靜的用餐，吃完後再去刷牙。」

「為了讓孩子能對幼兒園感興趣並產生認同感，我們從一早就會實施一種儀式：每天早上將所有孩子集合圍成圈圈（這當然也是一種儀式）。接著我們有一首專屬的幼兒園歌，還有三尊自製的森林小精靈。這三尊小精靈每天早上都會和孩子一起集合圍圈圈，我們幼兒園的徽章上就有這三尊森林小精靈，他們真的存在在我們的園所裡且獨一無二，這幾尊絨毛玩偶當然也每天陪著我們一起工作。」

「每天九點老師會和孩子們一起圍圈圈展開一天，大家暫時安靜下來，閉上眼睛，張開耳朵，並播放音樂。接著大家會一起數人數，看看今天誰缺席？為什麼？今天是星期幾？有什麼預定要做的事？接著是享用早餐。」

唱唱問候歌曲也很不錯喔！可以邊唱歌帶入同學的名字，邊搭配動作。

哈囉

「哈囉！你們在這裡，真棒啊！哈囉！有你們在，真棒啊！這是×××，那是

「×××，還有×××。哈囉！你們在這，真棒啊！哈囉！有你們在，真棒啊！」

除了這些問候儀式以外，幼兒園裡還有數不盡的儀式，通常幼兒園的老師們都知曉各式各樣有效的儀式，也很樂意和家長們分享，所以如果你需要，或是想知道有哪些幼兒園的儀式是你可以在家裡執行的，就去問問他們吧！

下面還有兩種幼兒園的儀式：

「降臨節[1]時期孩子們喜歡舉辦『小小喝茶時間』，他們可以選擇要喝的茶，而且也會像老師們一樣拿到一個大杯子。他們很享受這個活動，選茶之後，一起圍著桌子坐下，接著津津有味的慢慢啜飲熱茶並閒聊，這些平常總是匆匆忙忙的孩子會很有耐心的坐下來，邊聊天邊等茶泡好。所有老師都覺得，讓他們加入這項儀式太好不過了。在聖誕節前夕這段忙碌的時期，藉此為我們帶來了些許清靜。為什麼我們不在平常也進行這種儀式呢？在降臨節的小小喝茶時間之後，孩子們告訴我們，他們希望這個儀式在冬天與聖誕節前夕這段時間舉辦就好。雖然只要想做隨時都可以做，但是如

1 聖誕節前的四週稱為降臨節，簡單來說就是一段為聖誕節做準備的時間。

此一來，這個活動就一點也不特別了。」

「生日時，壽星會坐在『生日椅』上，所有人一起唱歌，桌上有蠟燭與蛋糕。壽星的禮物會被藏起來，所以他得把它找出來。這天對壽星來說很特別，因為他有權力決定所有事，他可以決定要吃什麼？要玩什麼？或者在幼兒園裡做哪些特別的事……。」

幼兒園放學囉

放學後，你開心的去幼兒園接孩子回家。請對孩子露出笑容跑向他，展開雙臂好讓他可以飛奔到你懷裡。這時，就在你們再度團聚的地方，請讓孩子交回那個你離開前給他的「日間陪伴物」，因為它是只為了分離的那段時間而準備的。

問問孩子今天發生的事，例如：「今天過得如何」、「玩了什麼好玩的遊戲」、「和誰一起玩？」等等。

請稱讚孩子在幼兒園裡度過了沒有爸爸和媽媽的一天，主動和他聊聊這一天。

幼兒園的最後一年

孩子在進入小學之前，留在幼兒園的最後一年中，你會發現幼兒園給予孩童的教育明顯變得不一樣了。老師會努力讓所有孩子在進入小學時，有個好的開始，例如：「可以使用鉛筆」、「上學路途訓練」、「數字訓練」等。當然訓練的課程會因幼兒園而異，不過基本上所有的孩子在進入小學時，所需學會的事項，都有一定的標準。所以如果孩子跟不上，那麼在入學前老師就會特別補強。

另外有些幼兒園也會舉辦測驗，測試每個孩子在生理以及認知方面的發展是否符合年齡。某些學校會舉行所謂的「學校遊戲」，遊戲時這些大班的孩子們必須解決不同的個人任務或團體任務，同時老師也會在一旁觀察，好了解孩子的各項能力是否足以負荷小學的教育。

對你的孩子來說，這會是一個緊繃的時期，他會發現即將面臨大變化，而且也知道，不久後就會離開那個他所習慣的幼兒園環境。對孩子來說，他還不完全了解什麼是上小學。我女兒在這個年紀時，我們會玩學校遊戲，藉此讓她了解小學的日常大概是如何進行。在遊戲中她也要認真「學習」各種學科，而休息時間，我會讓她休息或帶她到校園裡玩耍。透過這樣的遊戲，可以有效去除孩子面對新狀況時的恐懼。

「我們幼兒園會特別為即將上小學的孩子，安排額外的任務。老師們想藉此讓孩子學習承擔更多的責任，並讓他們知道，我們相信他們可以做得到。因此這些孩子非常快就能感覺到自己要進入新的階段，並且覺得自己「長大了」。這些任務每週不同，其中也包含了「接電話任務」——當電話響起，孩子得過去接，同時要報出自己的名字。」

從幼兒園畢業了

幼兒園時期的結束，意味著孩子人生中第一個重要的里程碑結束了。他將成為真正的學齡兒童，而不再是一個小小的幼兒園孩子，而且會越來越成熟，越來越獨立。

通常幼兒園時期的結束時，會在幼兒園內舉辦盛大的慶祝儀式。

「我們的『小學生們』有一場一日遊的活動。所有父母與祖父母，都會被邀請來參加慶祝宴。所有人一起在園裡烤肉，用過餐後孩子們會得到一本書，書中有許多孩子畫的或自製的圖片，還有在幼兒園一起活動、慶祝時拍的照片。接著由孩子們演出一場事前排練好的舞台劇，然後我們會把父母們趕回去，因為我們還要和孩子們一起在幼兒園裡辦一場過夜派對。」

身為父母的你，也可以透過其他儀式，來為這重要的階段留念。

截至目前為止，你的小孩應該有一個每天帶去幼兒園的書包，也許你們可以一起思考，是否還要繼續使用這個書包，或者要把這個書包送給某個會好好使用它的孩子。

幼兒園紀念冊

和孩子一起製作一本色彩繽紛、閃閃發光的紀念冊如何？在裡面放入幼兒園時期的回憶，包括各種活動的照片、孩子畫的漂亮圖畫、勞作，或幼兒園活動所頒發的證書，這對孩子來說一定會是紀念這段美好時光的絕佳方式。

Chapter 12

終於上小學了

請運用有助益的儀式，讓上學變成一場美好且成果豐碩的體驗吧！該如何做呢？這個章節將仔細說明。

時間過得真快，孩子好像才剛出生，沒多久上了幼兒園，接著要進入小學一年級了。上學肯定是孩子生命中的一場重大的變化，從此時開始，孩子會察覺自己在學校和老師共度的時間會比在家裡和父母還要多。一個充滿愛與支持的家，可以讓孩子對於上學這件事感到輕鬆許多，你可以事先慢慢的幫孩子做準備。例如：告訴孩子有關你過去求學時的事，不要說那些嚇人的事、寫不完的數學作業以及自然老師有多討厭。請試著回想那些你經歷過與學到的美好事件，如：交到哪些朋友？求學時光過得有多快樂？以及上學其實很不錯的感想。

為第一天上學做準備

有些小學在開學前，會舉辦讓新生認識班級的活動。活動當天孩子就會認識班級導師，也可以看看教室以及班上的同學，或會玩認識同學的遊戲，也許還會分配座位並且交到第一個朋友。如果孩子未來要上的學校提供這樣的活動，請務必善加利用。因為這可以讓孩子在開學前，就清除掉孩子心中必定存在的小小恐懼，或許會讓第一天上學少流一點眼淚或根本不會掉淚。因為他已經知道將會發生什麼事了。

為上學所做的準備中，當然也包含了練習如何上學或和孩子討論怎麼上學。父母可以在入學前的假期好好的訓練孩子，或許也可以找找有沒有一起上學的孩子。這會讓你和孩子在上學的第一週，獲得更多安全感。當然，在初期你也可以陪他一起走。

入學禮物袋[1]

請和孩子一起為這重要的日子準備入學禮物袋。讓孩子決定禮物袋的顏色和外型，再

1 德國的父母普遍都會在孩子進入小學時，準備入學禮物袋（自製或購買現成的），以慶祝孩子正式入學，袋中裝有文具、安撫玩偶、糖果等物，孩子會在正式入學當天帶著禮物到學校去。

和家長一起把材料裁剪、黏貼起來。入學禮物袋做好後，請將它妥善收好，袋子才不會在第一天上學前就壞掉。

在孩子入學的前一天，偷偷在禮物袋中裝入孩子喜歡或所需的物品，最好不要太重，因為孩子一定會想自己拿袋子。

入學禮物袋該裝什麼呢？

- 特別的鉛筆。
- 手錶。
- 小安撫玩偶。
- 貼紙。
- 漫畫。
- 一袋棉花糖或其他甜食等。

在入學當天把想帶的東西拿出來帶到學校，剩下的等到放學回家後再取出，那麼就能將禮物袋清空囉！

入學

進入小學對所有孩子來說，都是邁向成長極為重要的一步，在通往入學的這條路上，還有許多為了這重大的日子而需要準備的事情。

其中一件重要的事便是買書包，許多德國家庭傳統上會由祖父母來購買書包，這當然是一種很棒的傳統，同時也解救了父母的荷包。因為一個好的書包可是相當貴的。不過不管價錢如何，重要的是，必須事先讓孩子試背，並選擇適合孩子的書包。德國有些幼兒園會舉辦「書包派對」，由專業銷售員帶來所有常見的品牌，讓孩子可以試背，工作人員會為身為家長的你提供專業意見，告訴你哪種樣式最適合你的孩子。請在選擇書包外型時，也讓孩子一起決定，每個孩子都應該找到他喜歡的那一個。

入學當天對你和孩子來說，都是很令人興奮的。也許你可以幫孩子為這特別的一天買套新衣服，並且讓他自己選擇。你也可以邀請祖父母一起陪孩子去學校，提前碰面並照幾張漂亮的照片紀念後，再一起上學。

學校通常都會在入學當天舉辦入學典禮，讓這特別的日子充滿氣氛。請鼓勵孩子獨自踏出通往這人生新階段的第一步，如果孩子有一起入學的朋友的話，那踏出這第一步就更容易了。

上學第一天通常只有幾個小時，小一新生們可以在這段時間，更深入認識他們的新班級，很快學生們又能回家找爸媽了。

請事先和孩子一起思考，是否要在這天做些特別的事。我女兒入學時，我們全家人在中午一起烤肉，然後還邀請朋友帶著他們的孩子來吃蛋糕。

今天在學校過得如何？

當上學逐漸成為日常生活的一部分時，那麼父母又可以再度使用道別儀式了。孩子要去上學時，請給他一個道別吻以及美好且快樂的道別語。請不要對他說一些如：「注意聽老師講什麼」、「快出發，不然會遲到被老師罵」、「希望你這次考試能考好一點」等老套的話。

最好能祝福孩子：

「在學校玩得開心！」

「我很期待，你今天會遇到什麼新鮮事回來和我分享。」

「上學愉快！」

道別語擁有正面且讓人振奮精神的效果。一邊想著數學作業一邊道別，甚至是一大早就和孩子有爭吵，這些都不太好。

即便是放學後的問候儀式也應該要友善且正面。絕對不要用「考卷發回來了嗎」、

「不要吵」或「你看看你的樣子」這樣的話來問候孩子。你希望在度過辛勤的一天後，被人這樣問候嗎？當然不，那麼何不這麼說：「歡迎回家，餐桌已經擺好了，美味的食物正等著你去品嚐喔！」若能再加上一個吻，世界就太平了，管他學校怎樣。

孩子到家後，先讓他吃點東西。午餐和晚餐過後還有足夠的時間，可以讓孩子說說學校的事，當然如果孩子立刻就想說，那麼請你好好聆聽並且不要打斷他。

「我女兒放學回家後，第一件事是放下書包，然後脫掉鞋子和夾克，我會緊緊擁抱她，聽她說學校的事。她會告訴我今天上了哪些課？每堂課做了什麼？班上其他小孩怎麼樣？以及老師要告訴家長的重要訊息。這個儀式對我來說非常重要，一方面讓我女兒知道她對我來說有多重要，再來我可以大致了解她在學校的狀況。」

有些孩子天生就喜歡說話，當然也有父母得很努力才能引導對話的孩子。

如果你每天得花很多時間通勤，那麼你一天下來多半沒什麼時間了。因此你可以在晚上上床時，製造一種很棒的儀式。在說故事之前，回想一下這一天過得如何，告訴孩子你一整天做了什麼，也讓孩子說說在學校發生的好事和壞事。

在你沒有那麼多工作的日子，這種交流當然能提前在午餐時就開始。

簡單又有效率的完成家庭作業

家庭作業在許多人家裡經常是和孩子衝突的因素，你或許還清楚記得，自己以前有多麼不想寫作業。

或許你已經藉由經驗得知，拖延寫作業是沒有意義的，拖得越晚，孩子會越難集中精神。所以，關於寫作業也要在每日的時間表上安排固定的時間，而且盡可能的遵守。不過當然也是可以有例外的，例如：孩子的生日。

「在我們家，我兒子在午餐過後可以先休息半小時，玩或做他想做的事。結束後就得開始寫作業了。」

為了讓寫作業順利進行，你可以將作業和獎勵系統結合。舉例來說，擬定一份家庭作業計畫表，有好好做作業（不用大聲責罵也能照規矩做）的日子，就可以在計畫表上蓋個章。如果一週結束後有蓋章的天數比沒蓋章的多，那麼就一起去做些好玩的事，可以去游泳、逛動物園或者到室內遊戲場玩等。

透過這個簡單的儀式，拖延寫作業的情況通常都會明顯減少。

如果你的孩子放學後會去安親班，那麼從安親班回家後，有個固定的儀式也是很重要的。孩子的家庭作業和午餐多半會在安親班就能解決，如果回來後還有時間，也許你可以和孩子進行一個「共享可可」時間，讓他說說自己的事情，或請孩子拿作業出來讓你看看。如果還有不清楚的內容或必須準備小考，可以陪孩子做。這段時間也能加入一些好玩的活動，例如：邀約朋友或到戶外去玩。

害怕上學：以儀式戰勝成績壓力與學習障礙

害羞的孩子容易產生「上學恐懼症」。雖然有些孩子天生適應力強，而且勇於做新的嘗試，但即便是這種「勇敢」的孩子，也可能被「上學恐懼症」纏身。當孩子恐懼上學時，首先你要試著找出原因和解決辦法。請嘗試和孩子談一談，也許他會願意告訴你。如果你從孩子身上問不出答案，或者你不確定孩子所說的真實度有多少，你也可以問問班導師。當然這並不是要你懷疑孩子，不過這年紀的孩子有著天馬行空的想像力。偶爾當我聆聽女兒述說學校發生的事情時，她會在那些無止境吵來吵去的事中，夾雜著「我們今天在校園裡看到了一隻花豹……。」之類的話。所以，有的時候還是可以聽聽這些事件的另一種說法，你最了解自己的小孩，因此可以最先評估出什麼最符合現實。

當你發現原因後，你得增強孩子的信心，消除他的恐懼，讓孩子相信所有難關都可以解決。要怎麼做呢？請試試以下的建議，並和孩子一起發展出屬於你們的儀式。

戰勝恐懼

讓恐懼消失

讓孩子把他的恐懼寫下來或畫下來，然後撕毀，以此象徵恐懼已經消失了。

防身術課程

和孩子一起去上防身術課程。這可增強孩子的自信心，而且孩子也會覺得自己的身體變強壯了，他會知道，在讓他不舒服的狀況下，是有能力保護自己的。

角色扮演遊戲

藉由角色扮演遊戲來讓孩子練習，讓他知道在那些他害怕的情境中，他可以怎麼做，練習到孩子覺得熟練且獲得安全感為止。

魔法石

讓孩子找一塊可以放在書包裡的「魔法石」，「魔法石」會給他力量，並且保護他不會被任何他不喜歡的事傷害。

讀相關的故事

米歇爾．恩德[2]（Michael Ende）所寫的《漢納斯．施特羅寇普與看不見的印第安人》（*Hannes Strohkopp und der unsichtbare Indianer*）的故事中，漢納斯·施特羅寇普不管在學校或在家裡都覺得不好過，直到叔叔從原始森林寄來了一種神奇火粉末……。也許你可以和孩子一起讀讀相關故事，創造與書中相仿的儀式，在孩子恐懼時藉此幫助他。

如果你確定某種東西或行動對孩子有效，那麼就請你把它變成一項儀式吧！最重要的是，不斷讓孩子了解，你認真看待他的恐懼和煩惱，以及你非常愛他。

面對考試的儀式

遇到隨堂測驗和考試時也是可以有儀式的。固定的上床時間、特定的早餐、特殊的衣著，或是出門考試前在浴缸裡點一根蠟燭等。重要的是讓孩子相信，做這些可以讓他變得更厲害，讓他知道他可以辦得到。

2 德國作家，著有舉世聞名的青少年小說《說不完的故事》。

孩子準備隨堂測驗時，你可以這麼做

・讓孩子知道無論他的成績如何，你都愛他。如果你給孩子壓力，會讓他沒有動力。

・如果你發現孩子很認真準備考試，但還是沒得到好成績，還是要稱讚他，同時鼓勵他下一次會更好。

・請營造出好的讀書環境。在亂七八糟又吵雜的房間裡讀書或做作業，是不會有好效果的。請讓孩子在整潔的房間裡讀書，同時排除不必要的干擾。

・請弄一些新鮮空氣！大腦需要氧氣才能工作，可以讓孩子在讀書前先到外面玩一下，或者讓房間裡充滿足夠的新鮮空氣。

・如果孩子在擬定讀書計畫上有困難，請和他一起製作計畫表，同時注意要讓孩子有足夠玩耍和從事興趣的時間。因為如果沒有這種正面的平衡，他會覺得讀書變得更困難了。

・有些孩子是用全身的感官在讀書，你可以在他讀書時點一根他喜歡的香氛蠟燭，這會讓孩子產生正面的感受。也可以小聲播放輕音樂，給孩子一些果汁、水果等。

・有些孩子無法專注讀書，是因為腦中有其他事困擾。在讀書之前稍微放鬆一下會有所幫助，例如：陪孩子做一趟幻想之旅。

・如果孩子必須準備大考，但是因為有太多書要讀，不知從何下手時，那麼建議你和孩子一起將要讀的內容分成小單位。如果你經常和孩子一起這麼做，日後他便能夠自己使用此方法。

另外，索引分類盒也是讀書的好幫手，大部分的學校都會運用在課堂上。

小學畢業與繼續升學[3]

當孩子的小學時光逐漸接近尾聲，又會再度面臨許多改變，該如何協助孩子適應？以及孩子應該唸那種學校呢？下面將幫助你為孩子找到適合的學校，以及如何以最理想的方式幫孩子做準備。

3　德國的學制是四年小學後，便必須選擇要上會繼續邁向大學的文理中學、中等程度學生就讀的實科中學，或者為將來的職業做準備的職業中學。

如何為孩子找到適合的學校？

請跟孩子的老師討論，他們最能夠評估出孩子適合哪種學校。也請去參加孩子想讀的學校所舉辦的參觀活動，和孩子一起看看環境。特別留意孩子在那裡的感覺，通常第一印象就能透露出很多事情了，若有試聽課程的話，也會很有幫助。

另外，學校的選擇常取決於上學的便利性，最理想的莫過於孩子不用花太多時間，就能騎腳踏車或搭公車抵達學校。如果孩子上下學必須花超過一個小時並且轉乘不同的大眾運輸工具，那麼這所學校長期下來不會是個好選擇。

對孩子來說，和他的朋友一起繼續上同一間學校，一定也很重要。

當小學時光最後一聲鐘聲響起時，孩子們必定很難過。現在，這段美好的時光就要結束了，請接受孩子的眼淚，也許你可以和班上的其他家長一起想想，做個道別禮物給級任導師留念。

還有哪些事要做呢？

・在新學校開學前訓練孩子走新的上學路線。

・如果孩子將來要騎腳踏車上學，請事先打探一下，是否有其他孩子路線相同，如此一來孩子們便可相約一起騎車上學。我們的一位協同作者說：「我們常常在不同的地方碰到面，在我上學的路上，有超過八個人和我一起騎腳踏車上學。」

・開學之前，家長通常會收到一張書籍與其他教材清單，這些東西必須在開學前準備好。請和孩子一起完成這些事，也許買完書可以順道去吃個冰淇淋，好讓轉換學校這一件事變得特別。

・你的孩子現在已經比當初進入小學時大得多了，也許他有了更成熟的想法。你們可以一起去添購新的書包或上學背包，這會再次讓孩子明顯感受到改變。新書包當然得配上新的鉛筆盒，也許孩子現在會想換一個圓形筆袋，請務必讓他也一起決定這些事吧！

・新的學校一定有與小學全然不同的規定，可能上課時間不同，節數也增加了，學習的科目也和以前不一樣了。請事先讓孩子做好心理準備。

「對我來說當時最大的變化在於，我突然必須在老師進入教室時，站起來大聲說：『早安，維普曼先生』。」

Chapter 13

放長假囉

放假是一段最令人期待的時間，全家人可以一起去度假，大家都想趁機多點體驗，並和孩子一起做很多事。但除此之外，你們也應該要花時間促進夫妻感情，假期當中的小儀式將讓假期更有趣。

請構想一些你們自己的儀式，透過這些儀式讓你和孩子可以一起展開假期。例如：提前整理行李、一起看旅遊書或在地圖上找尋旅遊路線。

「我們會在學期結束的那一天一起去吃比薩，以此宣告假期開始。這儀式也有其他家庭會使用，因此常常看到熟悉的面孔。」

「放假的第一天我們會一起整理書包，清掉不再需要的書或作業本，接著把書包收起來，這麼一來放假時就真的不必再去想學校的事了。」

「假期開始時，我女兒會舉辦一場花園派對，她會邀請許多朋友來，孩子們在戶外泳池裡玩耍，最後還會一起烤肉。許多孩子放假時會到別處度假，因此這也是一個和朋友們道別的好機會。」

期末成績

放寒暑假之前，父母會拿到一份學期總成績。如果孩子獲得了好成績，就應該得到相應的讚美，畢竟他完成了一件很棒的事。某些家庭會用金錢、電影票或是一個大大的吻做為獎勵，孩子的成就與努力絕對應該得到相應的認可。但孩子的努力不只顯現在他得到的優秀成績中，有時在微小的進步裡也能看得見。

當你決定要實施某種獎勵方式後，你就應該在往後幾年持續做下去，把它變成一種儀式。

如果孩子的成績並不理想，那麼先和他一起把這份「壞成績」示威式的放在書桌最下面的抽屜裡，並說：「現在在放假，怎麼才能讓下個學期更好，我們下學期開學前再一起來看看。」這也是一種很棒的儀式。當然，在這裡我們祝福所有父母，不會讓這種事一再重複以至於變成儀式。

出外旅遊

放長假對很多家庭來說意味著能出發去度假。

「在荷蘭度假時，我們總會蓋一座沙堡把我們的泊船點圍起來，然後用貝殼來裝飾它。」

對成年人來說，可以認識一個新的國家並脫離日常生活，是件很快樂的事。但是對孩子來說，到一個陌生國度度假，因為沒有朋友一起玩，最壞的情況有可能會變成一次「令人討厭的假期」。孩子原則上是習慣的動物，熟悉的地方以及符合期待的場所會讓他們覺得愉快。

當然也有孩子天生就具有冒險精神，相較於在新環境中較害羞、保守的孩子，前者會更喜歡旅行。

請為孩子做好度假前的準備。可以事先一起閱讀旅遊書，如此一來孩子便可先在心中描繪出度假地點的樣貌，也許可以在度假之前和孩子一起想想，要去哪些地點玩？要做什麼？如果孩子年紀較大，也可以查閱地圖或地球儀，一起看看你們要去的度假地點或國家位在哪裡。

在度假的地點附近，有當地的特色餐廳嗎？你可以事先了解一下當地的特色菜餚，也許餐廳裡還有當地人可以讓你們詢問景點。

或者你能夠事先拿到一份食譜自己煮一些當地菜餚，並自製一面那個國家的國旗裝飾在餐點上。

整理行李

在即將出發度假前，你應該和孩子一起整理行李。請和孩子一起決定行李要裝些什麼，父母要注意的是，是否帶足適合當地氣候的衣物。

行李裡面還要為孩子裝些什麼？

玩具、唸給孩子聽的書，也許還能帶一些小型桌遊與繪畫用具。孩子最愛的安撫玩偶絕對要帶，萬一孩子想家，這個玩偶能帶給他安全感。

到異國旅行

在一個陌生國家裡，起初一切都不一樣。它看起來很陌生，聞起來不是習慣的味道，那裡的人也許說的是另一種語言。這些可能在一開始時，會讓孩子有些害怕，請給他時間靜靜的觀察周遭環境。如果你們晚上才到達，最好不要立刻送孩子上床睡覺，即便到了他習慣的睡覺時間，你們也應該一起勘查一下住宿的地方，看看誰要睡那裡？浴室在那裡？因為再也沒有比半夜醒來，完全不知道自己身在何處還要可怕的事了。

「我們度假時，到飯店後第一件事就是打開行李箱，大家各自整理自己的東西，因為這樣才會知道自己的東西放在哪裡。只有整理衣服時，在我兒子把所有衣服揉成一團丟在角落之前，我會幫他忙。」

為了正式宣告開始在異國度假，你和孩子可以在第一天或最晚在第二天去嚐嚐當地的食物。

「一樣？不一樣？」的遊戲

你知道「一樣？不一樣？」的遊戲嗎？孩子很喜歡這個遊戲喔！和孩子一起在住宿處走一圈，仔細的觀察床、浴室等等，然後和家裡做個比較吧！

想家

也許你和大部分人一樣會認床，因此度假時總需要一兩天才能安然入睡。我們在陌生的環境中必須先習慣一下，這是一種「想家」的情形，想念熟悉與習慣之物，床只是引起這些感受的其中一個因素。

但是成人的感受與孩子是截然不同的，因為我們經由人生經驗得知，度假的意義以及如何面對變化。但你的孩子還（非常）年幼，現在卻必須立刻去熟悉一個完全不同的環境，那裡對他非常陌生。

由於孩子還沒學會如何面對新環境，因此透過儀式給予孩子力量與安全感，這點非常重要，那麼該怎麼做呢？

請努力在度假時維持和家中一樣的日常儀式吧！簡單來說就是保持固定的順序。例如：你在家都是吃過早餐後才梳洗，在度假時也請這麼做。或者你在家時晚上會在床上說故事給孩子聽，那麼在這裡也要一樣。這些已習慣的程序會帶給孩子許多安全感，因為他知道接下來會發生什麼事。

如果孩子難以適應改變，請認真對待孩子，不要不當一回事。請承認你也會想念某些家裡的東西，但是度完假後，因為回到家而開心，也會是很棒的感受。

當孩子想家時，孩子最愛的安撫玩偶與書籍或許能幫得上忙。除此之外，你們可以一起寫張明信片寄回家，然後一起想想度假時有什麼很棒的事，這麼做孩子一定會覺得好過多了。

如果孩子在新環境中認生，請讓孩子一起睡在你們床上，畢竟你們是他度假時唯一熟悉的人。

「在度假時，我的父親總會在晚上為我和哥哥說晚安故事。這些故事是他自創的，其中一個主角叫『呼呼螞蟻』，有的時候要過很長的一段時間，爸爸才會繼續講接下去的情節。因為故事內容，那些起承轉合，全都是他即時編出來的，不過我們還是被爸爸的故事完全迷住了。這項儀式永遠是度假時的重點，而且『呼呼螞蟻』的故事也真的只有度假時才聽得到。」

舉例來說，如果孩子非常依賴奶奶，你甚至可以帶一張奶奶的照片去度假。孩子可以把照片拿進房間裡，或放在枕頭下面，晚上時對著照片說說今天做了哪些很棒的事。如果電話費不會貴得驚人，也可以每晚打個電話給奶奶，向她報告今天的事情。

勇氣石與思鄉石

你知道「勇氣石」或「思鄉石」嗎？簡單準備一塊漂亮的寶石或和孩子一起找一塊上面有洞的石頭，讓孩子在上頭綁上繩子或鏈子。

孩子獨自去旅行

孩子第一次沒有父母陪伴去旅行，這一定是一種很特別的狀況（若之後每年持續如此，也能是種很棒的儀式），也許他是去拜訪住得很遠的祖父母，或獨自和祖父母一起去度假。當孩子更大一點，也許他也會和朋友一起旅行。這類的旅行，是訓練孩子獨立的絕佳機會。而且通常孩子會在當地交到朋友，並有著美好的體驗。當孩子夠大時，可去問問在你所在的城市是否提供這種旅遊行程，某些協會、教堂（通常不必是教友）、學校或旅行社都會提供。在行程簡章上，會詳細列出所有活動。

想家時的幫手

當孩子想家時，有一個很棒的方法就是，交換安撫玩偶。在度假時，和孩子交換安撫玩偶（拿來交換的不能是孩子最喜歡的玩偶，那個玩偶得一直陪伴他。）在孩子要出發去度假的前幾天，兩人都必須為那個要交換給對方的安撫玩偶「注入」滿滿的愛，那麼這個玩偶才能一點一點的把這些滿滿的愛釋放出來，藉此在想家時幫上大忙。

在孩子的行李箱裡放入祕密的小驚喜。例如：一封信、一張你自己的照片、一罐小熊軟糖，讓孩子每天可以吃一顆等等。

當假期接近尾聲

大約在學校開學的前一週，你就應該重新把鬧鐘調到接近上學的起床時間，這麼做可以避免孩子在開學的第一週，因為假期習慣晚起而在學校沒有精神。

請和孩子一起檢查書包，鉛筆都削好了嗎？還缺什麼東西呢？請一起翻看一下新學期要用的書與作業本，新學期有哪些有趣的課程呢？也別忘了檢查替換的衣物，運動鞋和運動服還可以穿嗎？如果缺了某些東西，你還有足夠的時間在開學之前慢慢處理。

旅程照片集

你知道電影《艾蜜莉的異想世界》嗎？電影裡有一項很美妙的儀式，或許你也會喜歡。在旅行時帶上一個小玩偶，在每個度假地點為它拍張照。這可以成為孩子的儀式，讓他在所有景點（例如：不來梅的音樂家雕像或艾菲爾鐵塔）都幫他的這個「旅行安撫玩偶」拍照，或者你也可以幫孩子與他的玩偶一起合照，亦或是和玩偶一起照張全家福。

網路上已有許多這樣的照片出現，像是在世界各地留影的軟糖小熊，或是陶瓷娃娃等。你可以決定要怎麼做，我相信你和孩子都會很開心，而且還能一起發展出專屬你們的「度假照相儀式」。如果只有身為父母的你們去旅行，那麼寄張「旅行安撫玩偶」的照片給孩子，也是種很棒的儀式。不過你們不能帶走那個孩子最愛的安撫玩偶，那個玩偶應該永遠待在孩子身邊。

有人會在不同的城市照下臉部表情全都一樣的照片（睜著眼咧嘴大笑等等）。環顧一下身邊有什麼東西吧！請發揮你的創意。

Chapter 14

和家人共度四季

透過儀式自動建構出來的不只是每一天，還有一整年。在冬天烤一個薑餅屋並裝飾它，在春天彩繪復活節彩蛋，還有夏天的端午節與秋天的萬聖節變裝，這些每年都會重複，形成重要路線並讓人充滿期待喜悅，同時也提供了我們傳遞習俗與傳統的機會，讓孩子藉此了解我們的文化。

請和孩子一起宣告每個季節的來臨，並將之變成一種固定的儀式，讓孩子能夠藉此調適自己適應每個季節，並且為那些季節中的變化而感到高興。

每個季節都有特定的歌曲，你的孩子也許會在幼兒園裡學到這些歌，請和孩子一起在那個季節中歡唱屬於當季的歌曲。例如：「春神來了」就特別適合春天。

請在各個季節和孩子一起製作裝飾品或手工藝，可以是「季節性桌飾」或繽紛的窗飾，和孩子共度各個季節的活動吧！

春天

「陽台被整理過了，花盆更新過了，我總是透過這些來確認冬天終於過去，而春天來了。打掃與處理垃圾一點也不有趣，但在花盆裡種東西卻很棒。爸媽會在前一天開車去苗圃選花和其他植物，我可以跟著去，而且也可以自己選一株。我通常都選番茄苗，我會幫番茄苗澆水，種出來的第一顆番茄一定是我的，我會切片夾麵包吃掉，我的父母總是充滿嫉妒的看著我的美味番茄。」

什麼事物專屬於春天呢？是那些慢慢開始冒芽的小花？還是一道搔著鼻頭的陽光？你可以和孩子一起在花盆裡種下花朵的種子，把花盆放在窗台上，每天觀察變化。若孩子年紀較小，第一次做的時候，建議用長得快的水芹菜。若孩子年紀較長，你可以和他一起改造花園或陽台，並且購買新的植物回家種植。如果家中沒有大花園或陽台的話，也可以種在小花盆裡，擺放在家中。

一起做一次春日大掃除（包括兒童房）會是種很棒的春天儀式，你們可以一起讓陽光灑進屋內。請和孩子一起為這個季節準備好腳踏車，測試一下溜冰鞋還合不合腳，或把滑步車從地下室拿出來。

用色彩繽紛的復活節彩蛋裝飾花園裡的灌木叢，也是種很棒的春天儀式。或是和孩子一起製作一個漂亮的飾品，把家裡裝點得更加溫馨。

請和孩子一起想想，看看你們還能想到什麼。

夏天

「每年暑假我都可以和弟弟在花園裡露營一個星期，這個露營週絕對是整個夏天最令人興奮的時間，我所有朋友知道後都很羨慕。直到今天，每當我想起和弟弟如何互相把空氣從氣墊床裡放出，都還會忍不住大笑，那真是一段很棒的時光。等到我的孩子夠大了，我也要和他在花園裡過夜冒險。」

每當夏天到來，我都會和女兒一起整理她的衣櫃，把所有溫暖的冬衣往後放，並把夏天的衣物放到前頭。我們還會一件一件試穿，看看哪些衣服還合身，哪些可以送人，這是件非常有趣的事，會讓我們一直大笑。尤其是能好好看出她在過去這一年長高了多少。整理完後我們還會再去買些新衣服。

也許你也可以讓看星星與對著流星許願變成家中的儀式，通常報紙上會刊登流星雨的資訊。據說在看到流星的瞬間對著流星許願的話，所有願望都會實現。不過不能對任何人（也許對較小的孩子來說，父母可以例外）透露這個願望，這是一個小祕密。

在週六和孩子一起逛逛市集吧！看看攤位上的新鮮蔬果，這也可以是個很棒的儀式，或許你們可以一起找些不同的水果，過個水果日。

在這炎熱的季節，意味著只要有機會就要「跳進涼爽的水裡」，我們週末的家庭活動通常都會移至露天泳池或人工湖裡。

夏天當然不是只有戶外的休閒活動，你也可以在家裡裝點當季的花朵，和孩子用一個特定的花瓶來插花，這也是一個美好的裝飾小儀式。

秋天

「我們家附近有一個舊公園，裡頭種了很多栗子樹，在秋天我和媽媽還有我家的狗會一起去那裡找最漂亮的栗子，然後用那些栗子和火柴做成小人偶，擺放在架子上，直到乾掉。直到現在我還是很喜歡剛剝殼的新鮮栗子。」

秋天特別適合和孩子去散步，邊散步邊撿一些樹葉、栗子、橡實等東西。回家後再將這些撿到的寶物做成動物或漂亮的室內裝飾或窗飾，說不定你也喜歡採集蘑菇。如果有這類的活動，就帶著孩子一起去吧！你曾在霧中散步過嗎？這對孩子來說也會是個很棒的體驗，或許你們會想變成每年都會執行的秋日新儀式。

「我們家會在某個週末開車到近郊去找樹上的槲寄生，找到槲寄生的人就要大喊：『槲寄生警報！』接著大家就會朝他跑去。爸爸會試著把槲寄生從樹上取下來，當然不是每次都能拿到，如果成功摘下，我們就會開心的去吃勝利薯條，如果失敗了，那麼就吃安慰薯條。對我來說無論最後吃什麼，這都是很棒的一天。直到現在，每當我在市集看到槲寄生樹枝時，都會購買一小根，並想念起我的父母。」

此外你也可以和孩子一起修剪花園裡的樹木和灌木叢。給孩子一把他專用的植物剪刀（當然要等他夠大而且會使用時）讓他自己修剪。為了安全起見，請事先告訴他哪些灌木叢可以讓他好好發洩，你將發現這個工作會為他帶來許多樂趣。

其他秋日儀式

做風箏

做一個自己的風箏肯定是件很棒的事。商店裡有很多物美價廉且組合簡單的自製風箏，可以做出最棒的風箏。當風箏第一次飛起來時，大家都會非常開心。風箏通常都只能用一季，所以隔年往往都要重做新的，因此也能成為一項很棒的秋日儀式。

萬聖節

在萬聖節時，刻南瓜這個習俗非常受到歡迎，你將會訝異於爸爸們是多麼喜歡雕刻一個「令人毛骨悚然的南瓜」。某些家庭會讓所有家庭成員各刻一個南瓜，在南瓜裡還得放根小蠟燭讓它發亮，接著全部放在大門口。

烤蘋果

還有一個很棒的，你不應在秋天錯過的儀式，就是烤蘋果。秋天在蘋果上市時，就是自製好吃的烤蘋果最佳時間。孩子可以幫忙填入餡料並在開動前淋上香草醬。

冬天

邁向冬天時又再度需要整理衣櫃了，把夏裝與冬裝交換，而且還要試試去年的冬裝還能不能穿。

我們家會一同前往溜冰場，以宣告冬天來臨。即便天氣還不是很冷，但在溜冰場溜冰很快就會讓人有冬天的感覺。在冬天的週末，我們也會一起喝杯熱可可，以及吃自己烤的手工餅乾。

「對我來說，有個非常棒的冬日儀式，就是整理院子裡的鳥屋。不久，我被任命為家中的鳥屋管理員。我以此為傲而且從那時開始會在晨間或晚上補滿飼料，當然也會一起把地上殘餘的飼料掃乾淨。週末時，我會和爸爸躲起來觀察那些鳥，並拿圖鑑對照。某年我生日時，爺爺送給我一個小望遠鏡，那真的是個最棒的禮物了，我整個週末都將它舉在眼睛前。除了鳥之外，松鼠也會讓我很興奮，牠們偶爾也會來跑到家裡來。現在我們即將要蓋一個新的鳥屋了！」

除此之外，冬天也是製作燈籠、提著燈籠出門的時節。通常幼兒園會製作簡單的燈籠，你可以找時間和孩子一起提著燈籠去冒險。

在冬天製作漂亮的窗飾（如雪花等）以及聖誕樹飾品，天氣狀況許可的話，可以在戶外做雪人、做愛斯基摩人的冰屋、滑雪橇或打雪仗。

「每年冬天下初雪時，我們會試著做個雪人，當雪多到足夠做大雪人時，我們會一起為它做個漂亮的臉，最後由我把紅蘿蔔插在中間。在家門前做個雪人，雪人就會保護我們。」

「滑學橇是我們家冬天的大活動，我們會在前一週就先把雪橇從地下室搬出來，然後在車庫裡試坐。等到山上鋪滿白雪，我們會邊吃早餐邊開始準備許許多多的圓麵包，並在保溫瓶裡裝入熱可可和咖啡，穿戴好手套、保暖夾克與厚鞋後出發上路，最重要的是，別忘了帶裝有OK繃和手帕的急救箱。那真的是段讓我無法忘懷的日子。當天晚上我總是累壞了，手腳都凍僵了，不過這些我都不在乎，在玩的時候如果爸爸滑倒了，我們幾個孩子會在一旁笑得樂不可支。冬天怎麼可能不滑雪橇？滑雪橇是一定要的啊！」

或許你也可以和孩子一起裝飾聖誕樹、烤個薑餅人或做個花圈。

「我的父母認為耶穌誕生塑像很重要，爸爸把耶穌誕生的馬槽從閣樓拿下來安放在客廳，這在我們家是一種慶祝儀式。瑪麗亞和約瑟夫以及三位國王會慢慢越過房間，直到平安夜前一天才抵達馬廄與馬槽，聖嬰也會等到平安夜才被放進馬槽裡。我還記得自己每天早上都會去看看那些塑像走到哪裡了（等我長大才知道那些塑像是我媽媽半夜去移動的）。直到現在我們家依然保留著這套『馬槽遊行』的儀式，不過瑪麗亞和約瑟夫改從大門口開始走，而三位國王則是從遙遠的閣樓上下來。」

你也可以先翻看下一章，下個章節裡是關於各個季節的節慶習俗，請藉此激發自己的創意吧！

你知道四季全家福照嗎？

每季為孩子拍一張適合當季的照片，或是全家福照，這也可以變成一種儀式。這照片可以在家中固定的地點拍攝，以花園或其他東西當背景也可以，久而久之你就會擁有一系列很棒的照片，而且還可以逐年或逐季比較看看有哪些變化。

Chapter 15

特殊的慶祝活動和節日

儀式可以在許多特別的時機使用，儀式有著極大的力量，比如說可以把特殊的日子變得更美好。對孩子來說，節慶是特別的，因為它們並非每天都會舉行。一年之中最重要的日子當然就是生日啦！如果家族中所有人都能來參加的話，那麼這個慶祝活動就更棒了！

孩子的生日

生日當天總需要將插著蠟燭的蛋糕放在裝飾得很漂亮的桌子上。首先要唱生日快樂歌，接著吹蠟燭、許願，然後拆禮物。受到大家喜愛的生日儀式，多半是如此或以類似的方式進行。

有些家長會創造一套專屬自己家人的生日儀式。例如：請一天假來和孩子一起做一些特別的事，或安排祖父母來訪。

生日早晨

也許你會希望全家人一起唱歌喚醒壽星，用「生日快樂歌」來取代早晨鬧鐘是個好選擇，也可以在生日歌中，加入孩子的名字。

在通往禮物桌的走道上沿路排放蠟燭，這也是項美好的儀式。

如果孩子的生日在週末，那麼你一定會有較多時間好好慶祝，但是即便在週間，你還是應該慶祝它，不論你有多累或者上學前的時間有多緊湊，永遠都應該要計畫一個小慶祝活動。一種生日儀式或一頓特別的生日早餐等。慶生會則可以挪到週末再補辦。

請將壽星的座位妝飾一番，可以利用如花朵或自製的生日吊飾、生日皇冠等。簡單來說，從早晨就開始為孩子美化這一天。生日對孩子來說是個非常特別的日子，在這種日子裡，孩子應該也要有非常特別的感受。

生日蛋糕與其他美食

「我每年過生日，爸媽都會準備個生日蛋糕，並點上蠟燭，而我的家人永遠都會唱同一首歌，即便我已成為青少年，他們還是依舊如此。我一直都很喜歡這件固定不變的事，如今我也會為我的孩子準備個生日蛋糕。」

「我最棒的生日儀式是生日蛋糕，許願後我會一口氣吹熄蛋糕上所有蠟燭。」

黑森林蛋糕、布朗尼、裝飾著聰明豆巧克力的蛋糕……這世上的壽星有多少，生日蛋糕的種類就有多少。以蠟燭裝飾的蛋糕（壽星多大蠟燭就有多少）也是非常特別的。蠟燭當然也能另外單獨放在一個樹枝做的花圈上，還有讓壽星許願吹蠟燭也是一個美好的儀式。

很多家庭都會讓壽星決定午餐和晚餐要吃什麼，例如：生日漢堡、烤肉大餐或冰淇淋蛋糕等美食。

慶生會

「生日當天所有人都會變裝，持蛋賽跑、敲鍋遊戲、捉迷藏等遊戲都很受歡迎，還會有一個自己烤的蛋糕和兒童香檳。」

「如果不是所有孩子都互相認識，我們會在一開始時先玩轉瓶子的遊戲。被瓶子指到的人要報上自己的名字，並說明如何與壽星認識，接著再拆開禮物，這麼一來孩子們很快就認識彼此了。」

孩子生日時有時會舉辦慶生會，他可以邀請自己的朋友來參加，原則是孩子幾歲就邀請幾人。

每年都和你的孩子一起想一個特定的派對主題，那會是個很棒的主意。例如：跳舞派對、恐龍生日會、夏日泳池海綿寶寶派對、冬季烤肉派對搭配打雪仗遊戲，或是有爆米花和冰淇淋的電影派對。辦派對不應該變成讓其他家長瞠目結舌的奢華材料戰，請善用現有的基本設備。如果你家有一個小陽台且天氣夠暖和，那麼就在陽台上辦慶生派對吧！重點在於好心情與美味的食物。

「我女兒每年生日都能獲得一個自製的生日皇冠，皇冠上會寫著她的年紀。皇冠的顏色事先由她決定，其他素材則由我來找，但多半都會配合生日派對的主題。她就曾拿過有眼罩的黑色海盜皇冠、馬皇冠、精靈皇冠以及各種不同的皇冠。」

其他家庭成員的生日

過生日的如果是孩子的手足而不是自己，他可能會有些嫉妒。因此請讓孩子一起參與準備手足的生日會，也給他個任務，也許他會願意朗誦一首詩、唱首歌或表演樂器。

如果你想要的話，也可以另外準備一個小禮物給他，這樣他同樣會有特別的感受。

命名日[1]

有些人的名字有宗教的背景，而命名日指的就是擁有此名的聖徒的紀念日，某些有信仰的家庭在命名時，會刻意選擇某個聖徒的名字，以便和該聖徒產生連結。

命名日會因為所屬宗教、居住地以及喜好不同，重視度也會不同。

無論你有沒有信教，只要你想做，你都可以按自己的方式慶祝命名日。如果命名日在你成長的過程中一直都是個很特別的日子，或許你也會想將之傳遞給你的孩子。

如果你要為孩子慶祝命名日，那麼請讓孩子在這天感受到，這是為了向他致敬而慶祝，例如：吃早餐時，你可以送一朵小花給他，或放一張漂亮的畫在孩子位子上，午餐時則吃他喜歡的食物。

邀請至親以及孩子的教父（如果有的話）一起喝咖啡、吃蛋糕。

命名日不一定要送禮物，不過你也許可以給孩子一些關注，好讓他知道自己的特別之處，例如：在這天稱讚孩子，告訴孩子他有什麼優點。

如果你的孩子受洗過，那麼你可以在命名日點燃他的洗禮蠟燭[2]。

「我女兒的教父和教母不會在生日和聖誕節時送她禮物，因為那些日子，她已經從別人那裡收到夠多禮物了。他們會在孩子受洗的那天為她慶祝，因為他們是在這一天成為我女兒的教父母，並因此和她有了特殊的關係。這天，他們會寄來一個小禮物還會打電話來（他們住得很遠）。即便人不能來，但我的女兒還是很高興，因為她一年之中又多了一天可以慶祝。」

家族慶祝活動

「若家族有重大的慶祝活動，如：爺爺的八十大壽，我會得到一套新衣服好出席活動。我覺得可以穿著新衣服參加活動是很棒的事。」

如果孩子無法融入家族慶祝活動，那麼這場活動對他來說，可能會是種折磨。最簡單的解決方法是，讓年齡相近的孩子一起參與，但是並非每次都能有適合人選。在此提供幾個好辦法，可以讓家族慶祝活動變得更輕鬆愉快，尤其是當它定期被使用並且成為一種儀式時，孩子便能逐漸投入。

---

1 是一種宗教慶祝活動，若小孩的名字按某聖人之名所取，則該聖人的紀念日即為孩子的命名日。

2 孩子受洗時所準備的專屬孩子的蠟燭。

讓家族慶祝活動成為孩子心中的美好儀式

- 如果活動地點離家不遠，你可以邀請一個孩子的朋友一起去，那麼孩子們就能一起玩，而且也會很開心，身為家長的你也就不必一直聽孩子抱怨無聊了。
- 活動時可以帶本新的繪圖本、色筆、貼紙書等，讓孩子即便獨自一人也可以忙上一段時間的東西，這永遠會是個好選擇。
- 讓孩子一起來幫忙。孩子喜歡任務，也許你可以讓他幫忙收拾桌上的空杯子和瓶罐。當然如果其他在場的孩子都能一起幫忙的話，將會更有趣。

與宗教有關的節慶

對許多家庭來說，具有宗教性質的儀式，在日常生活中扮演著非常重要的角色。即便許多人已經不再信仰宗教，他們上教堂是因為歷史建築緣故，只有參觀景點或旅遊時會去，但仍舊有許多宗教傳統融入了日常生活中，而且一年到頭都有教會節日，此類儀式包含有受洗、聖餐或堅信禮等。

「我的父母不太以基督教的信仰教育我，不過我們常常去旅行，所以重要的建築物以及帶有歷史意義的教堂我們都會去參觀。只要可以，我們都會投一點錢進捐獻箱，並且為我們想感謝的人點上蠟燭。如今我依舊認為這是個很棒的儀式，而且我自己也會繼續執行。」

無論你個人的背景如何，無論你信仰的是天主教、基督教、回教、印度教、浸信教派、猶太教或無神論，都會不斷的遇到宗教儀式，也許對你來說這些儀式有些很重要有些你完全不想做。可以想想哪些儀式適合你，不過請不要和全家人的意願相違背，因為只有在大家都覺得這個儀式有趣且認同它時，才有機會變成一個長壽且正面的家庭儀式，並對孩子的成長產生好的影響。

如果你想將自己的基督教世界觀傳遞下去，通常透過聖經裡的簡單故事會比較容易達到目標。你可以講講聖經裡的寓言故事，或者和孩子一起去參加兒童禮拜或類似的活動。

當然禱告也是種儀式，所有宗教都有禱告儀式，晚禱或餐前禱告就是常見的儀式。

「在我七歲之前，每晚媽媽帶我上床睡覺時，都會和我一起禱告。禱詞出自一個手掌大小的禱告骰子，這骰子是用木頭做的，骰子的六個面上各有一小段禱詞，由我來擲骰子，在我會認字之前媽媽會替我唸出禱詞，等她禱告完後媽媽會在我額頭畫上十字。」

「在爺爺家我們會在吃飯前禱告一下，每個人都緊握雙手，現在回想起來覺得很棒，我完全不想錯過這種體驗。」

「雖然我沒受洗也未接受宗教教育，但我深受禱告吸引。晚上我經常會在床上禱告，我祈禱自己能獲得許多我想要的東西，或者祈禱能和吵架的朋友再度和好。」

齋戒期

許多人如今已不了解齋戒期意義為何了，不過還是有少數家庭把齋戒期與某些儀式規畫在他們的日曆上。通常在齋戒期間，人們會放棄某些事物，如：酒精、甜食、電腦、手機、網路等，請試著向孩子解釋此儀式的意義與目的，並一起想一想該如何進行。或許你會希望孩子在這段時間戒掉如：甜食、電視等，或著孩子會希望爸爸晚上能放棄抽煙或滑手機，或者他更希望你能陪他玩。如此一來，齋戒期便能成為全家人的一個美好且有趣的體驗，重要的是所有家庭成員真的都一起齋戒，而非只要求孩子執行。

「齋戒期在我小的時候，不是什麼快樂的時光，不能吃甜食、美食，也不能看電視。那時候沒有人明確解釋齋戒的意義給我們聽，直到現在，我認為有意識的放棄某些特定之物是種非常好的體驗。如今在我家中，齋戒期之前會明確的和孩子討論這件事。現在我們是這樣進行的：齋戒期不吃魚、肉，並將儲蓄下來的錢拿來做善事。這往往會引起孩子與我們不斷的討論，好喚醒孩子對社會責任的意識。我越來越確定，齋戒期在我身上出現的附加效益，那就是我發現，我比自己認為的還有毅力。」

如果你家從來沒有齋戒儀式，那麼或許可以試著在家庭會議上討論一下。也許你會希望孩子少打一些電動，而孩子則希望你少做一點家事，請找出折衷辦法並一起享受這段時光吧！

復活節

復活節時大家都會很認真的去尋找，被聰明的復活節兔子隱密藏起來的蛋，有些蛋甚至直到幾週後才被找到。

「我們家復活節時有項傳統，即在復活節星期天吃頓豐盛的早餐後，和鄰居一起玩滾木球。我們會事先裝滿一整個推車的食物，然後和許多不同年齡的人一起出發上路。滾木球時，木球會沿著街道向前滾，而我們則跟在球後面，這就像在玩沒有球瓶的保齡球一樣。因為街道上有很多排水溝，木球常常會掉進水溝或淤泥裡，此時就會引來哄堂大笑，我們得花很多力氣才能把它解救上來。總歸一句話，這是復活節最有趣的地方，我一點也不想失去它。」

「我小時候復活節時會去爺爺奶奶家，那個地方有項傳統，大家會在復活節到森林的沙丘（全城知名的滾蛋山）去，在那裡把煮熟的彩繪蛋從山上往下滾，所以爸媽和孩子一整天都會忙著為蛋在山上開闢道路，大家都玩得很開心。」

「我小時候每次復活節前夕，都會和媽媽一起採收水芹菜，這樣我們在復活節時，早餐就有新鮮的水芹菜可吃。復活節當天，我們會把蛋內部清空再彩繪外殼，或做一個蛋巢，還會烤羊肉。」

「我們會在復活節星期六一起烤一隻小羔羊以及彩繪蛋殼，只要天氣許可，我們還會在復活節星期天到花園裡找復活節蛋巢。」

感恩節

感恩節是個很適合秋天的美麗儀式，當你開始逐步整理花園，就是向孩子說明農業、食糧、栽種與飲食之間關係的好時機。你也可以利用一頓「農家早餐」來進行解說，也許你認識住家附近自產自銷的農夫，你可以直接向他們購買食材，然後再和孩子一起準備餐食並一起享用。

「我的祖父母有塊小型農地，秋天時所有鄰居都會一起來祖父母家慶祝感恩節。大家會用一個非常大的平底鍋煎馬鈴薯、蛋以及許多農人們自製的食物，除此之外每個孩子都能獲得一個特別的兒童碗。用過餐後我們會一起玩捉迷藏，或在乾草堆裡嬉鬧，那是非常棒的一天。直到今天，在我家中還是會在感恩節時吃類似的食物，而且盡可能至少加入一種來自自家花園的食材。」

降臨節

降臨節有很多很棒的儀式，你也應該盡可能和孩子一起體驗，以下的降臨節活動出自我們的協同作者。

「我們家在降臨節第一天會烤餅乾。」

「每年降臨節我們都會讀同一本書給孩子聽，那是芭芭拉・巴托斯・賀普納（Barbara Bartos-Höppner）所寫的《施努普勒的聖誕書》（*Schnüpperle-24 Geschichten für die Weihnachtszeit*）。」

「每年我們家都會為耶穌誕生塑像去森林採集新鮮地衣。」

降臨節儀式不只好，同時也很重要。假設你家的孩子是幼兒園或學校裡唯一沒有降臨節月曆[3]的人，那麼他有可能會被邊緣化。在降臨節的星期天，全家人可以聚在一起喝個茶，或者也可以在降臨節花圈上放些自製餅乾。

3 「降臨節月曆」是一種倒數聖誕節來臨的月曆，從十二月一日開始連續倒數二十四天，這種特製的月曆傳統樣式會做成紙盒樣，盒上開有二十四個小洞，每個洞裡都藏有一個小東西，可能是糖果、餅乾、巧克力或小玩具等，孩子每天按照日期打開月曆上的小洞時，都可獲得意外的驚喜。

「我媽媽會在我房間裡掛一條洗衣繩，繩子上掛著二十四個布袋，每個袋子裡面都裝有一個小東西。可能是一顆糖果、一條巧克力或一輛小玩具車，我都會先摸摸袋子感覺一下，猜猜看裡面裝什麼。這遊戲非常有趣，聖誕節之前我都會迅速起床，每天第一個打開當天的袋子。」

「雖然以前家中並不富裕，但我總能得到一個降臨節月曆，這個月曆會放在廚房裡，月曆上的每扇小門後面都藏著一小塊造型巧克力，找到當天的號碼然後在早餐時吃上一塊巧克力，這真的非常棒，平安夜當天的巧克力則會有平日的兩倍大。即便到了今天，我還會放一個降臨節月曆在辦公室裡，每天開心的打開並懷念童年，同時也讓我了解自己如今過得有多好。」

「在聖誕節時，我們總會有一個用新鮮杉樹葉做的降臨節花圈，這個花圈是我媽媽和姐姐一起做的，而我則負責把蠟燭放到花圈上的燭台裡，整個家裡全都可以聞到杉葉香。爸爸會在每個降臨節星期天的早餐時間，點上當天應點的蠟燭[4]，我還記得非常清楚，媽媽在吃早餐時至少會說五次，要我們之後不要忘了把蠟燭熄滅。早餐搭配蠟燭總是很有節慶氣氛。」

聖尼古拉斯日[5]

你還記得小時候在聖尼古拉斯日的前一晚有多興奮嗎？聖尼古拉斯是如何穿過上鎖的大門並在擦得發亮的鞋子裡裝進東西呢？也許你還記得每年的十二月六號這天，你永遠比其他日子早起。

「聖尼古拉斯日前一天晚上，我們會把擦拭過的靴子放在門前。當然得是一雙我們能找到的最大的靴子，這樣聖尼古拉斯才能多放一點東西進去。除此之外，我還會放一盤自己烤的餅乾和一杯牛奶在門前，試想當聖尼古拉斯把禮物裝滿靴子時，把餅乾吃光並且一口吞下牛奶的樣子。」

「晚上我們會事先在門前放一盤餅乾以及一塊給聖尼古拉斯的白馬吃的糖。」

---

4 降臨節起自聖誕節前四週，直到聖誕節來臨，期間一共會經過四個星期天，通常降臨節花圈上會有四根蠟燭，每個星期天點上一根迎接聖誕節到來。

5 每年的十二月六日是聖尼古拉斯日，為紀念聖人聖尼古拉斯而訂定的節日，德國的小孩都非常喜歡這個節日，因為這天和聖誕節一樣有禮物可以拿。只不過裝禮物的是鞋子而不是襪子，所以前一天晚上德國小孩都會把鞋子擦得亮晶晶的好裝禮物。

聖誕節

每個人家中都有自己的聖誕節傳統，不知道你小時候家裡都怎麼過聖誕節呢？通常大家都會把自己的經驗傳遞給孩子，下面是幾個不同的聖誕節儀式：

「我爸爸會在起床後把聖誕樹立起來，每年這都不是個簡單的工作。因為我們家的聖誕樹通常都非常大棵，聖誕樹立起來後，孩子們就能開始裝飾聖誕樹，現在這件事輪到我兒子做了。我們一邊認真裝飾聖誕樹，媽媽一邊準備晚餐。從很多年前開始，我們會在這天吃烤拉可雷特起司，每個人都可以在餐桌上找到自己喜歡吃的東西。接近中午的時候我們會跟父母的朋友和他們的家人碰面（如今已經到第三代了），大家一起去散步，然後回到其中一人的家喝咖啡與熱可可。大家碰面時會說些老故事、玩遊戲或談論時下的話題，直到下午才各自回家。回到家後，我和妹妹可以先把我們的禮物放到聖誕樹下，然後我們就必須躲起來，讓父母放禮物與點蠟燭。等到一切就緒，爸爸就會搖鈴，我們則立刻到客廳去，大家一起唱聖誕歌。爸爸會講一個聖誕故事，接著再一一打開禮物，送完禮物後大家會一起吃烤拉可雷特起司。」

「平安夜當天我和哥哥會跟爸爸一起去看電影。此時，媽媽則在家做些準備。我們每年看的都是《森林王子》，當時這部電影似乎是明斯特電影院很喜歡播放的聖誕片之一。」

「孩子們在另一個房間裡等待，當鈴聲響起才能進入客廳。聖誕樹下放著禮物，有扇窗或對著花園的門永遠都會是開著的，爸媽會指著外面說：『你們看上面，有看到雪橇嗎？』大部分的孩子也都真的看到天空上有個發亮的小點。」

「在聖誕晚餐與交換禮物開始前大約一個小時，我和哥哥會在房間裡換上新衣，等到鐘聲響起才能進入裝飾得很漂亮的客廳。烤餅乾、裝飾聖誕樹、唱歌，再一起準備特別的餐點，這些在我們家都是固定的活動。我們會先吃東西，然後再分禮物，並依序拆開禮物。」

「聖誕夜時，我們會先吃晚餐，接著媽媽會到「聖誕房間」裡去看看聖誕老公公來過沒有。如果已經來過了，媽媽會搖一搖鈴，那時我們才能進入那個裝飾得很有節慶氣氛的房間拿聖誕禮物。」

這些多半從我們自孩童起就存在的儀式，每年都會繼續執行的目的在於，如果沒有它們，聖誕節就不是聖誕節了。

如果你覺得這些儀式對你來說沒什麼意義，而不想繼續維持，當然沒有問題。不過在你取消之前，應該先問問它們對你的孩子來說有什麼意義？重不重要？以及如果不再繼續實施的話，孩子們會不會失望？身為父母的你，應該想清楚。你也可以問問孩子，對這些儀式的看法，也許你會找到一個折衷的解決辦法，讓全家人都能好好的過日子。

其他宗教信仰及文化節慶

不同的國家多半有著截然不同的文化儀式，當然宗教亦然。你可以打聽一下，你家附近有哪些信仰團體，以及他們有哪些儀式與節慶，鄰近的清真寺、猶太教堂、佛教、印度教寺廟一定也有開放日，說不定你的親友或孩子的朋友當中，有人有其他信仰或出身自其他文化，他們一定很樂於向你們解釋他們的節慶，甚至有可能願意讓你們一同參與呢！

例如：回教的開齋節就有著特殊的意義。這個慶典是在齋戒月結束時舉行，慶典上會準備各式各樣的甜食，孩子們會在此時從頭到腳換上新衣，甚至能獲得一些禮物。

有些城市的觀光手冊上，會提供有關不同信仰團體與文化的導覽。在德國科隆的網站上（www.kulturkluengel.de）就有關於這個主題的觀光指南。去搜尋一下你所居住的城市，是否也有類似的活動吧！

其他習俗

「因為嘉年華會在我們所居住的地方，是很重要的活動，所以在嘉年華遊行前的這段時間，我和媽媽總是會思考很久，要裝扮成什麼。雖然我多半想扮成印地安人，不過偶爾也會想穿些別的服裝。不管怎樣，媽媽的縫紉技術很好，她總能幫我縫製一套特別漂亮的服裝。可惜，我沒有學到媽媽的縫紉技術，如今當我看著那些舊照片時，我才了解媽媽當時花了多少時間幫我準備服裝。媽，謝謝你！」

你家中有哪些習俗，多半取決於你在哪裡長大以及如何長大。習俗通常會因地區而有所不同，且多半帶有宗教背景，只是我們大都完全沒意識到。

其他節日與相關儀式

新年：某些家庭會在新年時吃「新年甜筒」（塞入甜奶油的硬式鬆餅筒）或是「新年德國結麵包」，意謂著在新的一年有好的決心。

情人節：二月十四日是情人節，在這天你可以烤個心形餅乾，或畫個愛心剪下來送給朋友。

嘉年華會（狂歡節）：嘉年華會的舉行方式，各地不同。不過所有地方都有一個共通點，就是變裝秀，這也可以是一種很棒的儀式。也許孩子可以向爸爸借煙斗來搭配他的水手裝。

火節：這是菲士蘭（Friesland）地區的民俗慶典，在二月二十一日舉行，以火焰驅走嚴冬，有些地方會把聖誕樹堆起來燒掉，有些地方則甚至會有火把遊行。

射擊節：某些地區會由地方性的射擊團體舉辦射擊節慶活動，他們會搭起帳棚並舉辦遊行。

愚人節：四月一日愚人節是一個每個人，都可以隨心所欲開玩笑的日子。

打掃節：在巴伐利亞區的某些鄉下地方會在春天舉辦打掃節，由地區政府號召民眾在特定的時間共同進行春日大掃除。

復活節篝火：在德國的某些地區會舉辦復活節篝火活動，所有人都會把花園裡修剪下來的枝葉聚集起來燃燒。

沃普爾吉斯之夜／五月舞：四月三十日到五月一日的晚上是沃普爾吉斯之夜，這是一個女巫慶典，有些地方是以女巫之名來慶祝，有些地區會跳舞，甚至有在門前立起「五月樹」的傳統，基本上這天有各式各樣不同的風俗。

夏至篝火：相較於復活節篝火，德國某些地區會在六月二十一日左右會舉辦夏至篝火活動。

母親節：五月的第二個星期天是母親節，孩子們會製作小禮物送給媽媽，或是唱歌給媽媽聽，而且幼兒園或學校也會鼓勵他們這麼做。

啤酒節：這原是慕尼黑的大型慶典，現在除了慕尼黑外，也有很多國家會辦相同的活動。

萬聖節：近年來越來越多人在這天（十月三十一日）舉辦慶祝活動，孩子們會以類似嘉年華會的方式變裝慶祝萬聖節。

聖馬丁節：有些地區會過聖馬丁節，意在紀念聖人馬丁。聖馬丁因他的慈悲而廣為人知，地區的教會會籌辦聖馬丁劇，模擬聖人馬丁在寒冷的冬天將大衣分給乞丐的故事。模擬劇結束後，聖馬丁會騎著馬穿過市區，後面跟著提燈籠的大人小孩，通常還會有一個小型樂隊隨之唱起著名的馬丁之歌，所有人都會認真的跟著唱。

某些非教會學校或幼兒園雖然希望與宗教活動保持距離，但又不想放棄這項傳統，因此只會舉辦燈籠遊行。

聖誕市集：聖誕市集是種非常棒的聖誕節前的儀式。

跨年：很多人會在每年的最後一天的晚上聚在一起慶祝，在午夜時分點燃煙火迎接新的一年。

一定還有其他數不盡的習俗，也許你也知道幾個。這些陪著你長大的習俗，你應該也想和孩子一起繼續施行吧！

給父母的重要提醒

即便你自己不是嘉年華會、射擊節或啤酒節的粉絲，也請試著以沒有偏見的心態讓孩子參與這些慶典。尤其是在小城鎮，某些活動對城鎮內部的人際往來是很重要的，如果你的小孩想去參加射擊節遊行，那麼請你也一起去吧！如果你的小孩想變裝，那麼就讓孩子去看看嘉年華遊行吧！

特別的活動與市集

糖炒栗子的味道瀰漫著整個街道，霓虹燈閃爍，有著悅耳音樂聲的旋轉木馬散發著吸引力，通常這個時候很難將孩子拴在家裡。

和父母或祖父母在旋轉木馬還在組裝時就跑過去，看看組裝工作是怎麼進行的，這對許多孩子來說也會是種美好儀式。

「你還記得自己小時候，如何吵著要父母再多買一些禮物，或再讓你吃一支棉花糖嗎？我記得很清楚，而且我也還記得那些逛市集時的固定儀式，如今我也對我的孩子這麼做。因為它們幫助我在混亂中建立起一些秩序，讓我不致於破產回家。」

請讓逛市集變成一件特別的事，你不必每天都和孩子去市集，孩子明顯會因為稀有而滿足，其他時間他們多半還是會喜歡和你一起共度的。

帶孩子逛市集的小技巧

為了在逛市集時有更多錢可以使用，當月的零用錢保留不發，到了逛市集時便可獲得兩倍的零用錢。如果孩子仍想像平常一樣拿到零用錢，請讓他自己決定，不過等到逛市集時，錢就不會有那麼多了。

你也可以根據祖父母是否健在，以及住的遠近而辦個「和爺爺奶奶逛市集日」。或者和孩子一起逛逛爺爺奶奶住的城市中的市集，等日後孩子長大，也可以獨自前往。

「我們的家庭市集日會以一起在市集上吃東西做為結束，我們永遠吃的都是可麗餅。如果我們有好好遵守規矩，回家的路上就可以買糖炒栗子和鬆餅。」

家庭市集日

很多家庭會全家一起逛市集，每個孩子都能獲得比平常更多的零用錢，讓他想花時可以使用。有些家庭會規定，玩遊樂設施的額度是固定的，請事先約定好。確定孩子都知道，如果他在一開始的半小時內就用光了所有錢，接下來就只能動用他之後的零用錢了。至於每個孩子各自想將他的額度用在哪裡，這可由他自己決定，請你真的讓他自己決定。即使他很清楚自己不可能真的贏得什麼，但當他還是堅持要玩某種遊戲時，也不要去干涉。

馬戲團進城了

每年去看一次馬戲團，和逛市集一樣是個美好的儀式。S家每年都和奶奶一起去看馬戲團，對他們來說這是個特別的活動。對奶奶而言，這也是一年中最棒的儀式之一。這個例子同時顯示了，儀式不只適用於孩子。

Chapter 16

未曾出現過或特殊的情況

或許你會感到神奇，為何儀式在遇到問題或生活危機時這麼有用。特別是在艱難的時期，儀式能製造出平靜的片刻，並且給予新的力量。因此請去找出那些，過去你所喜愛且熟悉的儀式，或者透過行動創造出全新的儀式。

當生活遇到問題或危機時，協助家人面對危機的儀式，可以是非常小的、重複出現的行為。例如：一起點燃一根蠟燭，或是一起好好休息，休息的時間點跟地點，都很重要。也許可以把家裡某個特殊的角落當成一座休息小島，大家可以一起在那裡沉澱一下。

儀式也能製造出家庭的團結感，在艱難的時期能提供力量。也許你們可以一起製作或畫一個專屬你們的徽章，或者找到其他可以象徵家庭團結的物品。

當家庭面臨變化時，使用儀式以及維持熟悉的儀式就顯得很重要了，因為這些儀式能在這個時期給予孩子安全感與依靠。如果這些生活當中的固定成分也被刪除了，孩子將會變得非常沒有安全感。

孩子的煩惱與憂慮

如果你的孩子心中有煩惱或憂慮之事，有一些很棒的儀式能幫助他更容易面對。這些儀式可以是一個消除煩惱的抱枕、來自南美的「解憂娃娃」或「解憂小怪獸」。市面上有很多不同形式與尺寸的「解憂娃娃」可以購買，當然你也可以自己縫一個。

解憂娃娃

你知道南美的解憂娃娃嗎？人們可以將自己的憂慮全都對娃娃傾吐，這些娃娃可以躺在你枕頭下的小盒子裡，在你睡覺時他們會處理掉那些你對他們傾訴的憂慮，隔天早上你所擔憂之事便會消失無蹤。你可以和家中較大的孩子一起製作一個解憂娃娃，只需要不同顏色的毛線以及小塊碎布就可以。解憂娃娃的家則可以是一個貼上色紙，或彩繪過的漂亮火柴盒，當然小布盒也行。

生病

孩子生病的時候，身為家長的你可以寬容一些。你還記得自己生病時，父母都做了哪些事嗎？

「小時候當我生病時，我可以睡在爸媽床邊的一張床墊上，也可以選擇一個人陪我到房間睡。」

「我生病時總會有很特別的果汁或冷凍罐頭水果可吃。」

「小時候當我生病而住院時，我的父母會送給我一個醫生包，我可以用它來幫我的娃娃與動物玩偶看病或動手術。當媽媽來看我的時候，我們會先一起幫我的小熊看病，檢查看看他好不好，通常小熊的狀況都會和我一樣……。」

特殊的小東西會讓孩子更能夠忍受病魔，也許孩子必須長時間躺在床上，不能像平常一樣跳來跳去，因此使用它們來穩定孩子的情緒，會讓這場病對所有人來說都變得簡單一些。

當孩子生病時

- 你可以為生病的日子準備一兩本新書或有聲故事，把它們藏在櫃子裡，必要時可快速變出來。
- 允許孩子在生病時，看電視的時間能夠延長。
- 煮些孩子愛吃的食物（當然只能是有助康復的東西）。
- 或許可以破例給他可樂、麵包或香蕉吐司。
- 讓孩子睡在父母床上。
- 准許貓咪上床。
- 准許小狗在房裡過夜。

請想一想怎麼做孩子會開心一點，好讓他更能忍受生病的不適。

疼痛時可使用的儀式

如同生病，儀式在疼痛時也能有所幫助，例如：撞到、跌倒、腳受傷等。通常「呼呼」是最有效的。你也可以發揮想像力，例如：把疼痛放到飄過去的雲上，或者吹進泡泡裡送走，一塊特別的彩色ＯＫ繃同樣也能創造奇蹟。

或者你知道什麼神奇咒語，下一次，當你聽到孩子說「唉呦」的時候，試一試你的神奇魔咒吧！

對抗疼痛的咒語

「痛痛不見了，痛痛飛走了！」

或者你也可以唱首歌。是的，又要唱歌了！唱歌對小小孩來說有著非常特別的效果，將下面的詞句隨意搭配一首你熟悉的歌吧！

祝你快快好

祝你快快好！七天下雨七天晴，很快就會好。
小貓快快好！貓有四個小爪子，躺在石頭上，很快就會好。
快快好，快快好，再一下就好。再一下陽光公公照過來，很快就會好。

如果孩子是慢性疼痛，例如：肚子痛或頭痛，你就必須換個方式。這些疼痛多半只會讓孩子什麼也不想做、哪裡也不想去，孩子也會產生生氣、難過等反應。如果經兒科醫生判定此疼痛並非出於生理問題，那麼躲藏在疼痛背後的就有可能是心理問題了。這種時候你最能幫上孩子的方式，就是轉移他的注意力，不要聚焦在疼痛之上。收藏一本立體書（對小小孩來說通常都非常有吸引力）在這種情況時使用。至於年齡較大的孩子，你也可以藉由玩遊戲，例如：文字接龍，轉移他們的注意力。

看醫生

對孩子來說，看醫生並非都是種能輕鬆面對的冒險行動。最晚通常在孩子獲知得要打針時，他的好心情也就結束了。

不過即便在這種時候，儀式也能幫助孩子去輕鬆面對看醫生這件事。

「我們家的孩子，看完醫生後，無論天氣如何，無論時間多早或多晚，都要去吃個冰淇淋（當然腸胃有問題時例外）。」

「我們常去的診所旁邊有一間運動用品店，店裡有一個很長的溜滑梯和一台可以讓孩子們玩簡單的記憶拼圖遊戲的電腦。如果我在看醫生之前答應女兒，看完後會帶她到這間店去，那麼看醫生的過程就會明顯輕鬆很多。」

什麼東西能幫助你的孩子毫無壓力的去看醫生呢？

也許他希望帶著最喜歡的玩偶一起到診所去，或者你也可以在看完醫生後和孩子一起去吃冰淇淋，或是讓孩子自己選一本漫畫書等等。請想一個可以不斷重複的流程，這種規律的儀式會讓孩子有安全感，而且也會讓他產生期待。

獲得力量

身為父母的你一定知道被榨乾與力量全失是什麼感覺，這時候你會做些什麼呢？有的人會運動，有的人會去三溫暖或泡個熱水澡，有的人會藉由和朋友碰面來獲取新的力量。

當你去運動或和朋友碰面時，對孩子來說是件很自然的事，同時也可以是一種儀式。例如：媽媽每個星期二都要去上皮拉提斯，如果你很早就開始執行這種儀式且持之以恆，對你的孩子來說這就是件自然而然的事，他會習慣於此，而你也會成為孩子的重要榜樣。

你的孩子偶爾也會被榨乾，也許是因為他有點感冒、這一週壓力很大，或者和朋友吵架了。通常你可以察覺到他的倦怠、精疲力竭、亢奮或情緒極差。

這時候你應該做些能給孩子注入新力量的事情。因為每個人都不一樣，因此要找到適合你孩子的儀式，讓他能借此獲得力量。

獲得力量的儀式

- 如果你的孩子非常好動，可以透過外出活動來獲得力量，那麼就請你在週末安排一個「活動日」，可以去騎腳踏車、游泳、溜直排輪、到森林裡爬樹或蓋小木屋。
- 有的孩子可以藉由舒服的按摩來獲得力量。或許你還記得寶寶按摩的技巧，請選用一種好聞的按摩油（最好含有薰衣草），讓孩子享受一場舒服的按摩，按摩結束後還可以進行一段幻想之旅。
- 有的孩子喜歡把自己的感受、恐懼與問題說出來，當他們失去力量時，請讓孩子把他的問題畫下來或寫下來，然後和孩子試著一起，也許用角色扮演的方式來解決問題。如果孩子願意玩角色扮演的遊戲，那麼這也可以成為一種有影響力與助力的儀式。尤其是當孩子發現，自己可以把問題說出來，或找到了解決的辦法後，會確實感覺到重獲力量。

這些只是一些能讓儀式成為力量的建議。你最了解自己的孩子，你知道當他被榨乾時，該做些什麼對他會比較好，請在這樣的認知基礎上去發展你自己的儀式吧！

搬家

搬家通常是件不錯的事，不過對孩子來說，搬家卻常常是種具威脅性的改變。因為他們必須在很短的時間內，去熟悉一個全新的環境。新家的味道和舊家不一樣，而他最好的朋友也不在那裡了。

你如何能幫助孩子更容易適應新環境呢？

搬家的原則

首要的基本原則是：繼續維持你們習慣的儀式。

日常生活流程是不可以改變的。例如：早餐還是要在同樣的時間吃，還有起床與上床睡覺的過程也要和搬家之前一樣。

准許孩子緊抱著某個特定的動物玩偶或娃娃不放，他暫時會需要這個東西，因為此時對他來說，它代表著安全感和安定感。

也許你們可以在早上起床時，一起向這個新家問好，一邊穿過一個又一個的房間，一邊說：「客廳早安，浴室早安……」你的孩子一定會覺得非常有趣，如此一來他也會越來越認識這個新家，並藉此建立起一種美好的感受。

新的家庭成員

家庭並非封閉系統，可能會有新的成員加入。可能是人口增加，或者也可能是締結了新的親緣或有了新的伴侶。

對我們成人而言，這是相當正常的事，因為我們透過朋友或工作，習慣了不斷與陌生人接觸，以及適應這種改變。

但對孩子來說，這卻不是那麼容易的事。他們也許不了解為什麼叔叔每次都帶新的「阿姨」來，或者為什麼雖然奶奶已經住在天堂了，但是爺爺身邊又多了一個新的「奶奶」，新的家庭成員當然也可能是新的堂（表）弟與堂（表）妹。

朋友圈會改變，這點孩子很快就能理解，不過這是因為朋友並不像家族成員那樣，從小就經常看到。

「在我把我新的人生伴侶介紹給孩子之前，花了相當長的一段時間，因為我希望等到確定對方會長期在我們的人生中佔有一席之地時才這麼做。此外對我來說重要的是，要幫孩子慢慢準備面對這個變化，同時清楚解釋給他聽。爸爸還是爸爸，這點並不會改變。」

在你向孩子介紹新的家庭成員之前，請像上面的父親一樣，要等到你確定此人不會在下一次家人聚會就消失時，再介紹給孩子。

請將新家庭成員的意義解釋給孩子聽。如果爺爺在奶奶過世後，又認識了新的女性，這並不代表她會取代奶奶的位置，而是她會將笑容帶回給爺爺。或許你們也不需要稱她是奶奶，而是叫她的名字。

請仔細思考哪些資訊是孩子能夠承受的，哪些無法。

歡迎的儀式

請想一個接納新成員加入家族圈的歡迎儀式，也許你的孩子會有興趣製作一個歡迎小禮物，或者畫一張讓他也出現在上面的家庭畫。

此外你們也可以一起烤一個全家人都喜歡的蛋糕，然後一起享用。

初次見面時，你也許可以幫這名新成員照一張像，然後把照片掛在家族照的牆面上。你一定會看到這麼做所產生的額外效果，即當這名新成員下次再來訪且看到這張照片時，他將會因為你們這麼做而感受到被家人接納了。

歡迎新生兒

當媽媽再度懷孕，這對孩子來說一開始會是件古怪的事，或許還會讓他感到害怕。試著盡早讓孩子習慣這新的情況，就這方面而言儀式也能幫得上忙。你可以讓孩子每天早晚對還沒出生的寶寶說聲「早安」或「晚安」，一邊親親媽媽的肚子，一邊說這些話。也許孩子會想對著肚子裡的寶寶說些什麼或唱唱歌，如此一來，孩子就能從一開始和寶寶建立起聯繫，甚至可以一起感受肚子的變化。他會發現媽媽的肚子越來越圓、越來越硬，還會聽到肚子裡的聲音，或許也能感覺到他未來的小弟弟或小妹妹在肚子裡動呢！

建議在懷孕期間送孩子一個寶寶玩偶，他可以透過這個玩偶先練習如何和小弟弟或小妹妹互動，你可以和他一起練習如何坐在沙發上抱寶寶，以及如何扶著寶寶的頭。你們也可以一起練習換尿布和換衣服，並想一想當寶寶來到這個世上時，他需要哪些東西。

請和孩子一起想想，他可以在小弟弟或小妹妹出生時送他（她）什麼東西，然後你們一起去把這個禮物買下來，也許是個特別漂亮的安撫玩偶或安撫巾，你可以藉著這個機會告訴孩子，當他還是小寶寶時最喜歡什麼，或許他也會想把自己的某樣東西送給弟弟或妹妹呢！

小寶寶出生

這重要的日子會在某天到來，就在這天，寶寶出生了，你的孩子應該要有機會好好的問候寶寶，並且把那份精心挑選的禮物送給他。

或許新的弟弟或妹妹也有一個歡迎禮物要送給他的哥哥姐姐（這禮物當然是你挑的），你家大寶一定會非常高興的。

小寶寶第一天回家

對全家人來說，新生兒從醫院回到家的那一天是一個很重要的時刻，大寶對這全新的情況會有什麼反應呢？即便大家已經事前討論「弟弟（妹妹）」的事了，還是有可能一切都和預期或希望的不一樣。

請讓孩子一起為新生兒抵家做準備，例如：讓大寶畫幅歡迎字條，或者把寶寶的衣服固定在洗衣繩上，你們再一起把洗衣繩掛在家門口。

說不定你的孩子也會想為媽媽和寶寶唱首歌。

當新生兒回到家後，請讓大寶幫忙一些他可以做到的事，例如：在餵奶時拿口水巾給你，或注意一下寶寶打嗝了沒有。換尿布時他可以遞濕紙巾或屁屁膏給你，請你好好向他解釋為什麼你要做某件事，當孩子理解這事為什麼如此重要時，他就不會覺得麻煩了。

寶寶睡著後，請把時間留給大寶。尤其在剛開始的那幾天，不要讓大寶覺得自己被冷落了，這點非常重要，否則他會將寶寶視為討人厭的擾亂者。

請在寶寶在家的第一天，為大寶準備他喜歡的食物，或許你也可以買件寫著「哥哥」或「姐姐」的衣服。

父母離異

「爸爸在我四歲時搬離開家，此後媽媽鼓勵我每週寫封信給爸爸，我多半會畫張畫或寄乾燥花給他，由媽媽寫上地址、貼上郵票，我再把信丟進郵筒裡。」

父母其中一方離開家庭，這在今天已不再少見，但即便如此，對孩子來說還是很難理解父母其中一人不在他們身邊了。

我們當然希望，即便離婚兩人的關係依然友好。你們可以在剛開始時約定好，離開家的另一人，每晚打電話來向孩子道晚安。這麼一來，孩子會發現雖然離婚改變了很多事，但還是有許多熟悉的事物維持不變。

還有很重要的一點是，你要儘速安排好孩子和另一方相處的時間。可能是每週的固定某一天，或者每兩個星期的週末，時間由你們雙方協議，怎麼樣對孩子最好。另外要注意的是，這個固定的約會對你的孩子來說非常重要，所以一定要遵循，且盡可能永不延期或只在非常迫切的例外狀況下才延期。如此一來孩子才能感受到，父母雙方都是他可以信賴的。理想狀況下是父母雙方都能讓孩子感覺到，不管在誰身邊，他都會被保護的很好，而且享受了一段美好的時光。

請不要讓孩子成為人球，無論如何都要告訴他離婚不是他的錯。如果你們做到了這點，那麼即便離了婚，你們還是很棒的父母！

「我女兒每個星期五都會和她爸爸去游泳，他們兩個人都玩得很開心，而且有很多時間可以互相訴說重要的事情。」

「我們會在『爸爸週末』時一起去上攀岩課。」

「我特別喜歡『媽媽週末』，因為可以騎馬。」

「每兩週的星期天我會和爸爸去游泳，然後一起吃比薩。」

即便爸爸或媽媽已經不住在同一個家裡了，身為父母的你們還是應該要知道，孩子在某些特殊場合會需要你們同時在場。

你們應該在校慶、運動會或孩子生日時，忘掉你們已經離婚了，並且為了讓孩子高興以父母的角色同時出現。這通常是條漫長且不太好走的路，但是如果你們辦到了，將會發現，孩子在面對這些場合時，會顯得放鬆許多。

面對死亡與悲痛

死亡經常會引發心中的恐懼，也許針對這個議題，身為父母的你最希望的是能保護孩子不去接觸。你或許會希望，孩子應該無憂無慮的快樂長大，但很遺憾，死亡總會出現在我們的生活中。小小孩會在遊戲場上發現死去的動物，或從電視上聽到有關死亡的事情。

如果有人過世，孩子常常在一開始時，手足無措且感到驚恐，他們多半無法理解，為什麼那個他愛的人不在了，而且會不斷問那人什麼時候才回來。有件更重要的事是，你要給孩子機會，讓他能夠與亡者道別。

死亡文化百年來已經改變了很多，過去人們通常是在家中，在家人的圍繞下離世。亡者被安放在靈床上，所有親戚、朋友與鄰居來向他道別，這是很普遍的儀式，對孩子來說亦然。在熟悉的環境下舉行固定的儀式，這些儀式則能帶給人們安全感和慰藉。

如今這些儀式只有在少數的情況下還能看到，而死亡卻留下了許多疑問與不安全感，另一方面，我們會感受到，道別形式也可以是很個人化的。因此喪禮上的服裝不再只有黑色，甚至不是在家中，而是到殯儀館向亡者道別。

「小時候每當我認識的人或親戚當中有人過世，我會畫張畫或寫封信，然後在葬禮時把畫或信丟到棺木裡。奶奶過世時，我在她棺木上放了一件非常特別的紀念物，這個東西象徵著我和奶奶的關係。」

「每次去墓地參加葬禮時，我會點燃一根蠟燭，回想自己和那個人共度的美好情景。這在我家是項特定的儀式，我也會和孩子繼續這麼做下去。」

「我們第一次面對死亡這個課題時，女兒正好四歲。她已經做了相當的準備，因為她曾經很怕自己喜愛的人會死去，為了能夠以適合孩子的方式向她解釋死亡，我們一起看了凱蒂・克羅瑟（Kitty Crowther）的《我的小小朋友》（聯經出版）。透過這本書的幫助，女兒不再那麼害怕。」

接下來我們想要提供一些技巧，教您如何能讓孩子參與道別。

孩子可以這麼道別

如果你的孩子希望和亡者道別的話，請你允許他這麼做。請和殯葬業者或家人討論誰最適合陪著孩子去看亡者，你的孩子可以在棺木內放入一張畫、一個玩具或一封道別信，要停留多久由孩子來決定。

葬禮的準備

對孩子來說，奶奶躺在棺木裡，是一個很抽象的概念，如果這是孩子首次參加喪禮，那麼為他做些準備這就很重要了。也許你們可以事先到墓園看看，並向他解釋喪禮的流程，這其中也可包含如下的資訊：為什麼賓客都穿著黑色的服裝？為什麼要把人埋起來？

請在喪禮前想一想，如果你在儀式進行期間無法親自照顧孩子的話，應該讓誰來照顧他？請和孩子協商出一個人選，並和此人討論一下狀況。

如果孩子希望的話，請讓他帶著安撫玩偶一起去參加喪禮，好做為「悲傷陪伴者」與慰藉，或者讓孩子帶上一種特別的護身符，例如：一塊漂亮的石頭。除此之外，照顧孩子的人應該做好準備，讓孩子隨時想離開就能離開。

依據年紀可讓孩子加入準備工作

- 製作訃聞。
- 找一些歌曲，也許可以演奏一首亡者最喜歡的歌曲。
- 找文章並朗讀。
- 製作葬禮的蠟燭。

．找尋象徵亡者之物。
．雖然不常見，但卻很不錯——裝飾棺木。
．寫一封道別信或畫一張畫，將之放入亡者的棺木裡。
．選擇衣服，而且不一定要穿黑色的。

如果你的孩子沒有參加葬禮，你們可以在事後一起去埋葬亡者的墓地，好讓孩子能夠和摯愛之人道別。

喪禮之後

墓園是一個可以讓人回憶逝去之人的地方，但孩子們可能會有他們專屬的懷念場所，例如：他們自己的房間或者最愛窩著的地方。

為了將回憶確實且美好的保存下來，你可以和孩子一起製作一本回憶之書或一個寶物箱。回憶之書裡可以存放文章、詩、禱告、圖畫或者黏貼上一起聽過的音樂會門票之類的物品。寶物箱則特別適合用來保存照片、飾品、禮物或其他對孩子來說與亡者有關連的重要之物（去海邊度假時蒐集的沙子或貝殼，一起找到的羽毛等等。）。

寶物箱很適合由你和孩子親手製作，而變成一種特別的東西。也許這個箱子或回憶之書，能在孩子的房間裡或者其他地方有個獨特的放置處。在特定的契機之下，你才會拿出和孩子一起觀賞，或者在孩子傷心難過的時候打開。

蠟燭的特殊含意

蠟燭通常都有著很特別的意義。點蠟燭本身就是一種很美的儀式，這樣的儀式會以不同的方式施行。

也許你和孩子能特別為了喪禮而製作蠟燭。一個自製的蠟燭，可以是你和孩子特別的追悼儀式，另外你們也可以在每年特別重要的日子，如：生日、週年紀念日或者特別的節慶如聖誕節等）一起點燃它。

或者你們可以在教堂或墓園裡點燃蠟燭，抑或在某個特殊的日子和孩子一起帶著蠟燭到某個地方去。例如：可以在亡者的忌日和孩子一起去海邊，然後在那裡把蠟燭點燃。

燭光日

每年十二月的第二個星期天是「燭光日」，這是紀念夭折孩子的日子。在這天，紀念日的發起人會發出邀約，請全世界的家屬都點燃一根蠟燭，以紀念他們夭折的孩子、孫子與兄弟姐妹。這根蠟燭將在晚間七點被點亮並立在窗台上。

每根窗台上的蠟燭都代表著過世孩子那曾經閃亮的生命，也意味著他們並不會被遺忘。燭光象徵一座橋，從某個人連結到某個家庭，從一間房子連結到另一間房子，從一座城市連結到另一座城市，從一個國家連結到另一個國家，這一連串如圖畫般的燭光，就這樣在這天晚上串起了全世界。

如果你的家庭也曾失去過孩子，而且你也想再花個幾分鐘去追思他，那麼這將會是一種你和孩子可以一起去執行的美好儀式。

專屬兒童或青少年的追悼社群

有些專門為面臨哀傷的兒童或青少年所設立的追悼社群，失去摯愛的兒童與青少年可以在那裡表達他們的哀思。在這些社群裡面，孩子們有機會和其他人交流，進而知道自己並不孤單。這些社群聚會時都有許多固定的儀式，這些儀式提供了安全感，同時連結起每個人。孩子可能會在聚會時一起點燃一根團體蠟燭，也可以單獨給自己所失去的那個人點上一根蠟燭，並且為這根蠟燭取個他覺得很重要的名稱。

各種儀式和追悼形式的重要性，可能會因為年齡或社群成員而有所不同。有些儀式能融入日常生活當中，有些則只會在聚會時出現，因此對於你們的家庭來說，參加這種專門為兒童與青少年成立的追悼社群，會是額外的重要支柱，你可以在家附近搜尋看看是否有這類活動。

美好的追思儀式範例

如何讓孩子好好的和亡者道別以及理解死亡呢？

- 請和孩子一起想想，過世的那個人曾經做過什麼？也許每次去看奶奶時，她都會烤個特別的蛋糕，那麼你便可以和孩子一起烤個這種蛋糕，並好好的懷念一下親愛的奶奶。這也可以變成一項固定的儀式，在每次奶奶的忌日時，做這件事去紀念她。
- 晚上一起看星星，找一顆他會在上面往下看你們的星星。
- 講述你和過世之人一起經歷過的事情。
- 畫一張畫或寫封信給過世之人，然後綁在氣球上放入天空。
- 和孩子一起去墓地，對孩子來說，這就是奶奶「去」的地方。你們可以在那裡種些美麗的花，常常一起來照顧這些植物，這麼一來就可以常常來「找」奶奶了。不過也要跟孩子解釋，那裡只有奶奶的身體，奶奶的靈魂到天堂了。請根據年齡、孩子的理解能力以及你自己的觀念來說明。

「當我的侄子，也就是我女兒的表弟過世時，我向女兒解釋，他現在像個天使一樣住在天堂裡。女兒畫了一張畫給他，我們把這張畫綁在一個氣球上，並讓這顆氣球朝天空飛去。」

當寵物過世時

有的時候寵物的死亡對孩子來說比面對親人過世還傷心。這是非常有可能發生的事，端看孩子和寵物的親近程度而定，請絕對不要輕忽這件事。寵物可能是孩子生命當中非常重要的「人」，而摯愛寵物的死亡，對孩子會是一種非常深刻的經歷。對孩子來說，以正確的態度面對這種歷程很重要。烏爾夫．尼爾森（Ulf Nilsson）的童書《世界上最棒的葬禮》（*Die besten Beerdigungen der Welt*）正是描述這件事。

請在孩子悲傷時，利用個好儀式來幫助他，正如同我們一位協同作者所做的那樣：

「我的小兔子死掉時，爸爸和我把牠放在一個正面畫著畫的鞋盒裡，我們買了一株漂亮的盆栽，把小兔子埋在一處偏僻的森林裡，並把盆栽種在墳上。其他小動物們（虎皮鸚鵡、倉鼠、蝴蝶等等）也全都莊嚴的安葬在這裡，我們會唱一首好聽的歌來道別，或者講個那隻小動物一定會喜歡的故事。對於當時還是孩子的我來說這是正確的事。如果我女兒的貓在哪天死了，我也會這麼做。」

Chapter 17

保持運動的習慣

即便現在的孩子因為學校課業與其他大量的義務，而不似從前擁有那麼多休閒時間，你也不該有拋棄休閒時間儀式的想法。

正是在這些，你能夠和孩子共度的稀少而美妙的休閒時光裡，小小的儀式能讓這段時間更加美好。不過請不要只是高舉著儀式的概念，而是要將儀式簡化成一種「規律」，透過這種「規律」的幫助，你能夠協助孩子變得更穩定，而且獲得更多安全感與忍受力。

讓孩子喜歡運動

「因為我們家位在山上，而奶奶家在山下，所以我們常常要爬上陡峭的山坡。在某段特別陡峭的山坡上，我們會讓步伐一致，媽媽邊唸口訣，我們邊跟著做動作，接著大家會一起大聲的唸出口訣，直到爬上山為止，我們就是這樣用輕鬆愉快的方式爬上山的。」

人與人之間存在著差異，孩子也各有各的性格。有的很活潑、喜歡運動，有的喜歡閱讀，藉著閱讀發掘新的幻想世界，有些孩子可能樂於和其他人玩耍。

和孩子一起動一動

一呀二呀三呀四呀五呀六呀七呀八呀九呀十，一頂帽子（假裝舉起帽子打招呼），一根拐杖（假裝拄著拐杖），一把雨傘（假裝撐起一把雨傘），前進、後退、往旁邊（按照口訣用右腳做出動作），向上（墊高），向下（屈膝），包姆小姐（搖搖屁股），接著再從頭來一次。

就像孩子們在興趣方面各有所好一樣，他們對於運動的喜好也不同。因此會有極端不喜歡運動的孩子，除非必要否則他們絕不會去運動，這當然非常不健康，甚至長期下來會造成健康的問題。

最好從孩子很小的時候就讓他習慣規律運動，如此一來，你便能及早解除不愛運動的問題。

如何能讓孩子習慣規律運動呢？請發揮你的創意吧！可以和孩子多走走路、騎腳踏車，散步時帶上滑步車或溜冰鞋，路程遙遠的話，你可以利用小遊戲來增加孩子的動力，和父母一起玩遊戲，是最好的誘因。

請和孩子一起「運動出遊」，一起去游泳、溜冰，攀爬上林地的山丘，或者單純只是徒步穿越森林。

激發動力的運動儀式

- 每次都讓孩子先跑到某個定點。
- 讓孩子偶爾學熊跑，偶爾又學豹跑。
- 玩「老鷹飛」的遊戲，把孩子抱在懷裡後，按照指令抓起他的手臂往上舉高。
- 在樹林裡玩捉迷藏會很有趣。
- 到森林散步時，和孩子一起找尋有沒有什麼小動物。

・和年紀較大的孩子，可利用GPS定位系統來玩尋找寶藏的遊戲。
・一起玩官兵捉強盜的遊戲。
・在河流或小溪裡放一艘紙船，然後在岸邊跟著紙船跑。

也許你可以每週安排一個共同運動時間的儀式，當然想要每天晚上吃晚飯前都這麼做也行，端看你有多積極，或如何能激起孩子的動力而定。在運動之前，可以先做一些暖身操，每次輪流做些不同的體操。一般的伸展動作做完後，可以讓孩子選擇他接下來要做什麼，如：跳躍、開合跳等。整個暖身操的動作輪流做，長度可依人數或孩子的狀況來決定，你將會發現孩子因此獲得了許多樂趣。甚至他還能想出許多有趣或困難的動作，只為了看到你扭動肢體。

全家一起運動

每個週末，我們全家人都會風雨無阻的到森林裡去散步，這對本身就很懶得運動的人來說是件很棒的事。我們會在林間山丘爬上爬下，找尋倒塌的樹幹與大樹枝，然後用它們在森林中蓋一間小木屋。有的時候在我們再次造訪時，會發現有人繼續加蓋了我們的小木屋，也有的時候會被毀壞掉。不過沒關係，壞掉再蓋就好啦！全家人都覺得這很有趣，而且也能多少運動一下。

如果我們覺得當天的氣候去森林太冷或太濕，就會改去游泳池玩。

請創造出你們自己的「家庭運動儀式」，無論是週末的森林郊遊、慢跑，安排每個月第一個週末和朋友一起騎單車、游泳，全都無所謂。

參加運動社團

你自己本身是否積極參與運動社團呢？或者你曾經很積極。孩子在運動社團裡能很快學會團體規則，他們必須了解「輪流」的概念，而且每個人都要肩負起團體內的某些責任。

參加運動競賽贏得證書或獎盃，為此慶祝並且在家中找一個特別的位置來擺放，這也是種很棒的儀式。

請趁早幫孩子報名參加運動社團，如此一來，多半可以在輕鬆的情境下，就讓孩子愛上運動。也許你們可以從親子課程著手，一起運動是最有趣的！

選擇運動社團前請看清楚課程內容，有些社團會依據年齡提供許多不同的運動項目如：體操、舞蹈、防身術、游泳等等。更換運動種類，讓孩子們嘗試不同的運動，孩子會覺得很有趣。

「我從很小的時候就活躍於不同的運動團體，一開始是媽媽寶寶體操，等我大一點後，我充分利用了運動社團裡的各種課程，參加了許多不同的運動項目，後來我決定投入正式的馬術運動，並報名參加了馬術團。」

「我覺得參加運動社團是件非常棒的事，會很有歸屬感，而且社團裡會舉辦很棒的活動與比賽。」

「我的女兒是體操選手，她會定期和她的隊伍去參加團體與個人賽事，這讓她變得更勇敢、更有自信。除此之外，她也很有野心，在訓練時十分努力，藉此不斷獲得更好的成績。但即便如此，她玩樂的時間也並未因此而減少。因為他們還是孩子，無法像成人一樣那麼有紀律的接受訓練，所以運動社團中也會舉辦郊遊或慶祝活動。來自不同的地區的孩子們會在這些活動上互相交流，彼此都玩得很開心。」

請和孩子一起去參加試上課程。大部分的社團，在你必須決定是否成為會員之前，都可以免費試上各種運動，孩子也能藉此嘗試自己喜歡哪一個。請你在試上課程時，觀察一下孩子在團體中與其他小孩以及老師之間的互動。如果你發現孩子不開心，或明顯表現出不舒服的樣子，那麼這樣的情況很有可能在往後幾週都不會有所改變。此時，你最好改選其他運動，否則你將會因為孩子不想去運動，而一直生氣。

即便選擇運動社團並非一種真正的儀式，但是在社團裡以及做運動時一定會有很多儀式存在，這些儀式會在你和孩子身上產生正面的作用。

Chapter 18

音樂讓一切變得更簡單

唱歌在很多場合中，也算是一種儀式。生日時你會唱生日快樂歌，聖誕節時你可能會在聖誕樹下唱幾首傳唱已久的聖誕歌曲。就連在教堂做禮拜時，也都固定會唱歌。

不管在什麼情境下，你都能唱歌。大家一起唱歌會促進彼此的認同，而且有放鬆以及消除恐懼的效果。

唱歌

在各種情境下都有你能對著孩子唱的歌。每晚哄孩子睡時低聲吟唱催眠曲，等孩子長大些，和孩子一起唱兒歌，在母嬰團體裡，你會有機會和其他媽媽一起學會唱問候歌與活動歌，其他還有很多能在不同場合唱的歌。如：整理歌、盥洗歌、交通規則歌等等。

唱歌是件有趣的事，而且具有渲染力，歌曲可以為悲傷的人們帶來平靜，同時也能激勵人心，讓人快樂起來。除此之外，和孩子一起唱歌還能促進孩子的語言發展。請相信無論你唱得有多爛，或者你覺得自己唱得有多蹩腳，孩子都會覺得非常有趣，而且也會原諒你的五音不全。請偶爾一起盡情亂唱來消遣一下，你和孩子都會獲得許多樂趣，當然你也可以即興亂唱，改編歌詞。讓唱歌變成不同情境之下的固定儀式，你的孩子在多年以後還會記得某些童年時唱的歌曲，而且一定會和自己的孩子繼續唱下去。

如果你會唱催眠曲給孩子聽，將會驚訝的發現，孩子能因此更容易入睡。

搖嬰仔歌

嬰仔嬰嬰睏，一暝大一寸；嬰仔嬰嬰惜，一暝大一尺，
搖子日落山，抱子金金看，你是我心肝，驚你受風寒。
嬰仔嬰嬰睏，一暝大一寸；嬰仔嬰嬰惜，一暝大一尺，
一點親骨肉，愈看愈心適，暝時搖伊睏，天光抱來惜。

（作詞者：盧雲生，作曲：呂泉生。）

跳舞

你和孩子一起跳過舞嗎？如果有的話，你一定知道孩子有多喜歡跳舞，無論是待在房間被你抱在懷裡跳，還是和你手牽著手跳，又或者是他自己伴著熟悉的音樂或沒聽過的音樂跳舞。隨著音樂起舞好處多多，可以讓孩子的身體知覺更敏銳，同時也更能掌握自己的肢體。當孩子隨著音樂擺動身體時，永遠要讓他覺得這麼做很好，不要嘲笑他的動作。

對孩子來說，跳舞也能是一種很棒的儀式。例如：在淋浴時跳支雨中之舞，很多小小孩會因此覺得淋浴變得更有趣了，還有另一種是比賽獲勝時的勝利之舞。

孩子的表演

如果你的小孩學過音樂，那麼你一定知道，音樂教室通常每年會舉辦一至兩次的成果發表會，好讓孩子們展現所學。參加舞蹈或體操課程時，也會有類似的發表會。

成果發表會也是一種重要的儀式，孩子可以藉此展現所學，也可以練習在人前表演，這對他未來的人生很重要（如：當需要在學校上台報告時）。

對這個儀式來說，非常重要而且具有決定性的關鍵是父母的「合作」。請和孩子一起興奮的期待發表會，一起為孩子的演出感到高興。還有你得去當孩子的觀眾，因為這項儀式如果少了你們這些驕傲的父母，就變得一文不值了。

如果你的小孩會某種樂器，或者他剛學會某種樂器，那麼你也可以在家裡進行一項新的儀式。例如：在聖誕節時，讓孩子演奏幾首聖誕歌曲，見證孩子的成長。

Chapter
19

全家一起玩的小遊戲

你現在一定覺得困惑，遊戲和儀式有什麼關係呢？這一個問題可以分成兩點來說明。

首先，全家人可以在星期天晚上一起玩遊戲，像這樣固定時間的遊戲之夜就是種很棒的儀式。再來，有些小遊戲可能會帶有儀式的特性，例如：散步時玩誰可以找到最漂亮的葉子的遊戲，誰最先看到一隻小鳥而且能說出鳥名，或是最先抵達終點的人可以先點冰淇淋來吃等等。

也許你還記得許多過去曾玩過的遊戲，以下幾個遊戲你還記得嗎？

跳房子遊戲

你小時候曾玩過跳房子的遊戲嗎？用粉筆在地板上畫出格子，然後丟出石頭，再單腳跳到石頭被丟入的格子裡。

或許跳房子嚴格來說並稱不上是種儀式，但是向自己的孩子解釋這個遊戲，並且將這些東西繼續傳承下去，這卻是種很棒的儀式。如果你家沒有院子可以畫格子，那麼可以在散步途中找個空曠地好好的玩一玩。

猜拳遊戲

這個小遊戲很快就會變成你家做決定時的儀式。每次遇到必須做出某個小決定，如「誰去倒垃圾」時，這個遊戲可以在短短幾秒鐘之內，得到一個快速而且還能全面被接受的結果。

模仿遊戲

模仿遊戲本身就帶有將行為變成儀式的概念，如果要孩子學習特定的行為，同時牢記在心的話，可以玩玩模仿遊戲。其中「假扮〇〇〇」的遊戲對孩子來說非常重要。

玩假扮老闆的商店遊戲能讓孩子學習，客人進入商店時先友善問好、協助選擇商品、提供建議、結賬過程以及道再見等。由此你能看出，從孩子未來的發展以及他們往後的人際相處上來看，日常生活當中的小儀式有著多大的影響力。

除了「商店遊戲」以外還有許多很棒的遊戲，幾乎所有的小小孩都喜歡玩，而且玩這些遊戲不需要花很多錢。

模仿遊戲

- 商店遊戲。
- 烹飪遊戲（在沙坑裡玩也很好玩）。
- 郵差遊戲。
- 公主遊戲。

・辦家家酒。
・扮印第安人、扮牛仔。

車上的遊戲

「爺爺奶奶的家離我家很遠，在這段長長的路程中，我們家有一個很棒的儀式：比賽誰先看到德任山。玩這個遊戲時，氣氛總是很緊張，而時間很快就飛逝了。」

這是個很棒的遊戲，去找住得很遠的親戚時，都可以派上用場，它清楚顯示了儀式是能吸引人的。這種「誰先看到〇〇〇」的遊戲當然可以隨意變化，而且還可以安插許多中途點。

長途車程中也可以玩「猜車牌」、「數車子」或是「把紅燈吹成綠燈」等遊戲來增加趣味。當然這些小遊戲只有在經常玩的情況下才會變成儀式，此外每次出遠門，若能帶上幾個起士小麵包在車上吃，也會是個很棒的儀式。

Chapter 20

給爺爺奶奶的建議

祖父母與其他近親對孩子社會關係的發展來說，也是非常重要的。

「每當週末我待在奶奶家時，我可以盡情看電視，這真的超棒的！坐在大沙發上看著電視時，奶奶還會在我面前放上裝飾得很漂亮的法式開胃小點，而且我還不用幫忙做，簡直太美好了。」

「在奶奶家，我在睡前可以從床頭櫃上的糖果罐子裡拿一顆糖果。」

「聖誕節時，我會和奶奶、媽媽還有哥哥姐姐一起烤餅乾。」

「大舅舅會邀請我們到他家過復活節。我們會在大花園裡找彩蛋和糖果，舅舅再把我們找到的東西一起放在小籃子裡。某年我意外發現，他藏的都是同樣的一批東西，而妹妹從未發現。除此之外，舅舅家永遠都有塗著奶油的新鮮麵包，還有舅媽自己做的果醬。孩子們早上會和舅舅一起早起，騎著小腳踏車穿越田野去買麵包。」

你一定還知道其他只有在你的爺爺奶奶家才會有的儀式，正如同你覺得這些儀式美好且特別，你的孩子一定也會有同樣的感覺。

請告訴你的父母與祖父母，你以前覺得哪些儀式非常棒，例如：「早上和爺爺去餵雞」或「和奶奶一起去雞舍拿最大的蛋來當早餐」。你一定會看到自己的父母或祖父母露出微笑，而且他們也還記得這些事情呢！

也許你們可以一起為你的孩子設定一些儀式，供孩子去祖父母家遊玩時使用。

當然，你也可以和父母或祖父母談一下，哪些儀式是你不想繼續傳遞給下一代的，這同樣也很重要，也許對你來說「挑一隻兔子來宰」並不是什麼好的回憶。你的父母或祖父母如今一定能夠理解，而且也不會再堅持繼續。

假如你已經不記得祖父母都怎麼做，也許下面幾點會讓你覺得很熟悉。

祖父母家的儀式範例

- 做裝飾得很漂亮的一口吐司小點心。
- 爺爺奶奶家有我自己的撲滿，我可以把放在撲滿上面的硬幣丟進裡頭。
- 拿好成績換零用錢。
- 一起看看櫃子上的餅乾罐裡有什麼，然後可以拿三塊餅乾。

・和爺爺帶著狗散步到小湖邊餵鴨子。
・一起去圖書館。
・為下午要吃的蛋糕摘些草莓。
・特定的地點永遠都會放著甜食。當孫子來玩的時候，爺爺奶奶可在走廊的小茶几上，放顆奇趣蛋以及其他甜食。
・到閣樓尋寶。
・翻看相簿，聽聽某個祖先的故事。
・從地窖拿出醃黃瓜的玻璃罐，採摘那些一直都很好吃的李子來做糖漬水果。
・在院子裡擁有自己的小花園，或和他們一起種些植物在花盆裡。
・和爺爺一起到森林中找野菇。
・一起去動物園。

還有嗎？你是否邊看邊想起了其他美好的事情了呢？你可以將這些事情歸類為儀式，如果你已經想起來的話，那麼就來聊聊這些儀式，同時可以告訴父母，讓他們將這些儀式繼續傳承下去。

Chapter 21

創造屬於你們的儀式

你在這本書裡看到的並非世界上所有的儀式，或許你正在為某種特定情況尋覓一種特別的儀式。因此我們希望再次提醒你，只要注意以下幾點，你也可以創造出專屬的儀式，並且能成功執行。

創造專屬儀式的注意事項

- 為你們新的家庭儀式取一個適合的名字，並向所有家庭成員解釋，你想藉由這個儀式達到什麼目的。例如：當晚上床邊故事的時間還剩下三分鐘，你或許可以將這個儀式稱為「神祕的三分鐘故事時間」，你在這三分鐘之內拿著手電筒躲在棉被裡說故事，讓孩子的夜晚有一個美好的結束儀式。

．你當然也可以和孩子一起創造出類似的儀式。拿上面的例子來說明，可以讓孩子拿著手電筒，或者要孩子稍微放一些新鮮空氣到棉被裡來。

．確定要用哪些儀式物與其他條件：手電筒、書、三分鐘以及新鮮空氣⋯⋯。

．請規畫出什麼時間要進行這項儀式，以及自由發展的可能性，好讓這個儀式能確實規律的實施。要求其他家人在這個儀式進行時不要打擾，同時即使換人做的時候也能確實執行。

如果你們完全專注在這個儀式上而且不會分心的話，那麼你們便創造了一個很棒的新儀式，同時也是一個很重要的儀式。

如果你在創造新儀式時也讓孩子參與，孩子一定會很高興，因為他們常常有非常棒的點子或者改善的建議。他們越投入這個儀式，那麼這個儀式就會越完美的融入你們的日常家庭生活中，同時也會更加有吸引力、更持久。

那麼，希望你在創造新儀式時能獲得許多樂趣。如果你有興趣的話，歡迎你將創造的新儀式寄來給我們，我們一定會在下次修訂本書時將最好的儀式納入，或者為所有父母在其他新書中關注這方面的消息。

後序

非關結語

「嗯，我首先想到了一起『溜』。只要天氣許可，波多和我很喜歡一起去溜，我溜滑板，他溜直排輪。波多最喜歡像隻小鴨子那樣跟在我後面，而我則是在相隔了二十五年後重新登『板』（只因為我用走的已經跟不上他的速度了）。如果不是他的話，我應該無法再回去溜滑板。」

我們透過儀式互相學習，我從他身上所學到的，與他從我身上學到的一樣多。我不希望讓他覺得父母什麼都知道，也不希望他像張我們刻印出來的版畫。我的父母都是老師，有的時候他們會給我這樣的感覺。最後，我卻總是與他們不同，但是他們無法釋懷，還試著利用壓力與恐懼來強迫我符合他們設定好的框架。我和波多從互動中學會尊重彼此，不過這並不表示他不會惹麻煩。他還是會犯錯或讓自己深陷危險之中，如看都沒看就穿越馬路等等。波多和我會去勘查我們的周遭環境，花時間到處駐足，看看標籤、挖土機、工地、大型廢棄物、樹幹、樹葉等小事物。如果我們走在路上只有一個目標，那麼其他東西多半都會被忽略掉。「溜」對我們來說是一項重要的儀式，在路上觸地慢慢滑動，仔細觀察地形，因為如果沒注意路況的話，石塊、溝槽以及不同的路面狀態，可能會讓我們跌個四腳朝天。

就算跌倒，再站起來後也會變得更好，更敢滑上陡峭的斜坡。我們學會了評估自己的能力，而非一開始就因為害怕疼痛而完全不願嘗試。戶外運動讓我們心情愉悅，活動了的身體也獲得了成就感。我們學會從自己的所能中獲取勇氣，以遊戲的方式「享受」我們的身體，我希望透過這種方式讓他了解，除了那些充滿誘惑力的、單向的、無生命的東西之外（如電視、電玩、電腦、手機等），還有其他的選擇。

另外一種很棒的儀式是一起在畫室裡作畫。波多在畫畫時比我更接近自然，想到什麼就畫什麼，不會去想太多。我會在隔天晚上把乾了的畫帶回家，和波多一起拿給太太看，然後再回想一次作畫的過程，我們會把最漂亮的那張畫掛在波多的臥室裡。

或許最像儀式（因為每天都一樣）的儀式，是晚上一起做飯、用餐，然後是換尿布、刷牙、看故事書、說故事。接著等燈光調暗後，我們會談起今天發生的事，或是以前的事情，如：度假、郊遊、想法等等，直到他在我懷裡睡著。從幼兒園開始就有規則、時間表與各種行程，我常常覺得有些日常生活對孩子的幼年時光來說太過於嚴格了。我試著在我們這個有目標的世界裡，製造出專屬於他節奏的空間。

馬丁．登可（藝術家，波多的爸爸）

讀者的信

關於身心障礙的孩子

在撰寫本書以及蒐集那些美好的儀式期間，我們一開始並未想到身心障礙的孩子。因為對我們來說，這些孩子和你我並無兩樣，而且我們本身或多或少在自己的親友圈內都和他們有著正面的相處經驗。

然而，我們收到了一位母親的來信：

「我是一個有著重度身障孩子的母親，我覺得如果在您的新書中看不到『稍微不一樣的儀式』或之類的內容，那將會很可惜。

我兒子由於身體各種感官的限制而極度依賴儀式，任何日常生活或特定行為的變化，對他來說都是難以理解的。相較於正常的孩子，他會更容易因為沒有這些儀式而脫離常軌。

許多我所使用的儀式都很特殊，而且自然是特別適合我兒子的，因為很多儀式對他來說並不可行，所以我們必須找到屬於自己的路。

我認為要專門為身障孩子撰寫儀式是很困難的，而且或許也無法滿足我的需求，因此很抱歉，我無法為這本儀式之書做出特殊的貢獻。

即便如此，如果您的書也能擴及那些，因為與常人不同而需要或發展出不同儀式之人，那麼我將會很高興。『正常的生活』並非對所有人來說都是這麼簡單的，或許您能在書中對此多少提到一些。

感謝您給我們機會發聲。

來自明斯特的祝福

恬芭・葛羅瑟・布靈克豪斯

讀了葛羅瑟・布靈克豪斯女士的來信之後，我們花了很多時間思索與討論每個儀式，最後我們得到的結論是，並非所有儀式都能或都應該讓所有孩子與家長使用，我們相信且盼望，家長們能找到幾個符合需求的儀式並且施行。

因此，老話一句，我們的儀式是提供給所有孩子與成人的建議，並期待你們能從中得到啟發！

family field 親子田 親子田系列034

每個孩子都需要家庭儀式

德國家長必備教養經典，運用「儀式教養法」教出獨立規律，與家人感情親密的孩子。

作　　者　梅蘭妮・葛列瑟（Melanie Grässer）、
艾克・霍佛曼（Eike Hovermann）
譯　　者　林硯芬
總 編 輯　何玉美
主　　編　王郁渝
封面設計　張天薪
內文排版　顏麟驊

出版發行　采實文化事業股份有限公司
行銷企劃　陳佩宜、黃于庭、馮羿勳
業務經理　盧金城
業務發行　林坤蓉、張世明、林踏欣、王貞玉
會計行政　王雅蕙、李韶婉
法律顧問　第一國際法律事務所　余淑杏律師
電子信箱　acme@acmebook.com.tw
采實官網　http://www.acmestore.com.tw
采實粉絲團　http://www.facebook.com/acmebook

ISBN　978-957-8950-58-0
定　價　350 元
初版一刷　2018 年 10 月
劃撥帳號　50148859
劃撥戶名　采實文化事業股份有限公司
104 台北市中山區建國北路二段92 號9 樓
電話：(02)2518-5198
傳真：(02)2518-2098

國家圖書館出版品預行編目(CIP)資料

每個孩子都需要家庭儀式／梅蘭妮・葛列瑟（Melanie Grässer）艾克・霍佛曼（Eike Hovermann）合著. -- 初版. -- 臺北市：采實文化, 2018.10
面；　公分. --（親子田系列；34）
ISBN 978-957-8950-58-0（平裝）

1. 親職教育　2. 生活方式

528.2　107013730

采實出版集團
ACME PUBLISHING GROUP